Núcleo de Catequese Paulinas
& Claudio Pastro

Iniciação à liturgia

Dados Internacionais de Catalogação na Publicação (CIP)
(Câmara Brasileira do Livro, SP, Brasil)

Iniciação à liturgia / NUCAP - Núcleo de Catequese Paulinas e Claudio Pastro.
– São Paulo : Paulinas, 2012. – (Coleção pastoral litúrgica)

ISBN 978-85-356-3077-0

1. Celebrações litúrgicas   2. Domingo   3. Igreja Católica - Liturgia
I. NUCAP - Núcleo de Catequese Paulinas.   II. Pastro, Claudio.   III. Série.

12-02139   CDD-263.3

Índice para catálogo sistemático:

1. Liturgia dominical : Celebração do mistério de Cristo : Cristianismo   263.3

1ª edição – 2012
5ª reimpressão – 2020

Direção-geral: *Bernadete Boff*
Editores responsáveis: *Vera Ivanise Bombonatto*
e Antonio Francisco Lelo
Copidesque: *Anoar Jarbas Provenzi*
Coordenação de revisão: *Marina Mendonça*
Revisão: *Ruth Mitzuie Kluska*
Assistente de arte: *Ana Karina Rogrigues Caetano*
Gerente de produção: *Felício Calegaro Neto*
Projeto gráfico: *Wilson Teodoro Garcia*
Ilustrações: *Claudio Pastro*

Nenhuma parte desta obra poderá ser reproduzida ou transmitida
por qualquer forma e/ou quaisquer meios (eletrônico ou mecânico,
incluindo fotocópia e gravação) ou arquivada em qualquer sistema ou
banco de dados sem permissão escrita da Editora. Direitos reservados.

Paulinas

Rua Dona Inácia Uchoa, 62
04110-020 – São Paulo – SP (Brasil)
Tel.: (11) 2125-3500
http://www.paulinas.com.br – editora@paulinas.com.br
Telemarketing e SAC: 0800-7010081
© Pia Sociedade Filhas de São Paulo – São Paulo, 2012

Sumário

Introdução 7

CELEBRAÇÃO DA SALVAÇÃO NA HISTÓRIA

1. Encontro com Deus na liturgia 13
2. História da Salvação 18
3. Centralidade da Páscoa 26
4. Jerusalém Celeste 32
5. Tempo da Igreja e do Espírito 35

NOSSA CONFIGURAÇÃO EM CRISTO

6. Iniciação pascal 45
7. Finalidade da liturgia 52

LITURGIA CELEBRADA

8. Assembleia 61
9. Ministérios na assembleia 65
10. Rito inicial 72
11. Celebrar a Palavra 76
12. Liturgia da Palavra 84
13. Liturgia eucarística 91
14. Penitência 102

TEMPO LITÚRGICO

15. Ano litúrgico 109
16. Domingo 114
17. Quaresma 119
18. Tríduo Pascal 121

19. Tempo Pascal 127

20. Tempo do Advento 130

21. Tempo do Natal 134

22. Tempo Comum 139

23. Ofício Divino 142

MISTAGOGIA DO ESPAÇO LITÚRGICO

24. Edifício da igreja 149

25. Casa da Igreja 159

26. Mistagogia do espaço 164

Conclusão 177

Referências bibliográficas 179

Introdução

Quando chegamos à casa de Deus, um turbilhão de sentimentos, de desejos e de expectativas nos invade; abre-se um outro mundo de símbolos e de ritos. Mas muitas vezes estes permanecem mudos e enigmáticos. Vamos participar das celebrações da Igreja e nos aparece um grande desafio: o que querem dizer estes gestos? Por que eles são realizados sempre da mesma maneira? Ficamos confusos, porque nem sempre o sentido que eles têm no dia a dia corresponde ao significado que o culto religioso quer expressar.

Queremos entrar nesse mundo conversando familiar, carinhosa e filialmente com o Pai sem nos sentirmos estranhos ou tomados de temor. Claro! A celebração não pode ser um amontoado mágico de palavras; mas, interiormente, quero que todos aqueles símbolos me levem ao centro da comunhão com o Pai, o Filho e o Espírito Santo.

Ao reunir-nos em comunidade, nos relacionamos com o Senhor compassivo e misericordioso. O Deus de Jesus Cristo toma conta de nós, reorganiza nosso ser e nos proporciona paz, consolo e esperança.

Este livro quer ser este guia para você tocar com as próprias mãos e pisar com seus pés o lugar onde brilha a glória de Deus. O livro do Apocalipse profetiza o Trono do Cordeiro com os quatro seres vivos, de onde sobe o canto entoado pelos cento e quarenta e quatro mil salvos que lavaram suas vestes no sangue do Cordeiro.

É aí que chegamos quando celebramos. Alcançamos o mistério da morte e ressurreição do Senhor. Queremos que, passo a passo, você descubra por quais caminhos a fé celebrada nos proporciona esta tão grande graça.

Como promover a experiência de Deus na celebração para as pessoas continuarem vivendo com alegria, otimismo e esperança?

O primeiro passo é dado diante da porta de entrada do mistério de fé. Para ter a chave, abrir essa porta e entrar, só é possível depois que se é iniciado. Só faz sentido entrar no mundo da celebração litúrgica se for-

7

mos iniciados, transformados. Do contrário, tudo continuará na mesmice! Sinta a força da expressão: "Fulano foi iniciado no candomblé, tornou-se filho de santo".

Ser iniciado na fé significa experienciar algo diferente que nos leva a tocar no mistério e a incorporar outros valores na vida. Paulo fez esta experiência e por isso chegou à conclusão: "Eu vivo, mas não eu: é Cristo que vive em mim" (Gl 2,20).

Ao sermos iniciados na vida cristã, alcançamos a vida nova do Ressuscitado, vibramos com seu Espírito e, portanto, descobrimos uma outra forma de encarar o mundo.

Este livro destina-se aos agentes de liturgia e catequistas, bem como aos adultos que querem compreender melhor o que é liturgia e como o mistério de Deus se expressa nos ritos e preces celebrados pela Igreja.

O livro, partindo da *reforma litúrgica* realizada pelo Concílio Vaticano II, refaz o caminho de como somos transformados pelo mistério que celebramos. Vamos redescobrir *a centralidade da Páscoa na história da salvação*, na vida de Cristo, da Igreja, e, por conseguinte, na vida do cristão. *A Páscoa é só de Cristo, ou cada um de nós deverá passar por ela?*

Pelo *Batismo, Confirmação e Eucaristia* somos iniciados neste mistério, ou seja, somos incorporados em Cristo e recebemos o seu Espírito. Por isso, formamos o seu Corpo, a Igreja. Quando celebramos, é o Cristo inteiro, Cabeça unida ao seu Corpo, que presta louvor ao Pai na força do Espírito.

O sacerdócio de Cristo se estende a nós, é o chamado *sacerdócio comum*. Dessa forma, aprendemos a oferecer nossa vida ao Pai unida ao sacrifício de Cristo. Esta comunhão de vida e de morte revela o grau de nossa *participação* na celebração. Assim, a liturgia passa a ser um direito de todo batizado e deixamos de ser apenas assistentes do culto. Celebramos a Páscoa para vivê-la em nós.

A *assembleia litúrgica* é o lugar onde o Ressuscitado se faz presente. Ali o Senhor nos fala, corrige e consola por meio de sua *Palavra celebrada* e acolhida com fé. Na *liturgia eucarística*, o Senhor nos alimenta com seu Corpo e Sangue e, na força do seu Espírito, nos convida, juntamente com toda a criação, a sermos transformados nele.

Ao celebrarmos ciclicamente os mistérios da vida de Cristo, o *ano litúrgico* e a oração das horas do *Ofício Divino*, assimilamos progressivamente que o tempo foi redimido, que vivemos, hoje e sempre, a salvação em Cristo num dia que nunca termina.

Claudio Pastro nos brinda com as ilustrações e com a mistagogia do espaço litúrgico. Por meio da configuração do templo sagrado e da disposição dos seus elementos internos, traça o itinerário espacial que nos conduz ao coração do mistério, vamos do adro e da fonte batismal até o altar, onde tomamos parte do banquete.

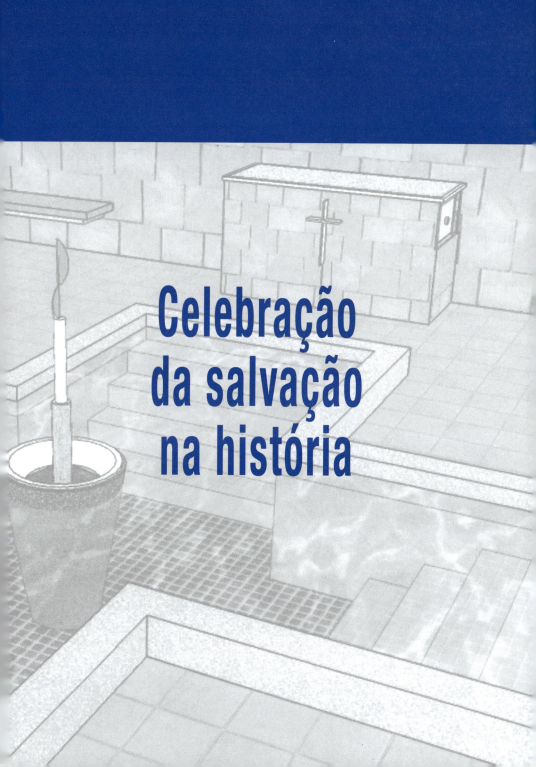

Celebração da salvação na história

1 Encontro com Deus na liturgia

Há uma longa história na Igreja que mostra por que temos dificuldade de encontrar na celebração da liturgia o manancial de nossa fé. Com o passar do tempo, a fonte da liturgia que jorra água boa e sem parar foi se estagnando. O culto da comunidade foi se enrijecendo, se tornando distante, de tal modo que os fiéis passaram a pensar que ele fosse de responsabilidade única do sacerdote, cabendo-lhes apenas assistir-lhe.

O desconhecimento do significado dos ritos litúrgicos acabou esvaziando a liturgia de seu sentido último e a relegou unicamente ao seu lado cerimonial, ao qual somos obrigados a assistir.

Até bem pouco tempo, enquanto o padre rezava a missa de costas para o povo e em latim, muitos, em sua maioria mulheres, ficavam rezando o terço, enquanto outros, quase sempre homens, permaneciam no fundo da igreja ou do lado de fora esperando a missa acabar. A preocupação era cumprir o preceito da Igreja de ir à missa aos domingos.

Podemos nos perguntar, ao trilhar os passos da história: por que os cristãos não encontram facilmente a fonte da sua fé na liturgia? Como a catequese pode ajudar a liturgia a ser acessível e fonte comunicadora de Cristo, numa linguagem que todos entendam e aceitem?

Com a reforma litúrgica do Concílio Vaticano II, o cristão pôde reencontrar na liturgia a verdadeira fonte do Cristo ressuscitado, sua Palavra proclamada como caminho de vida, os sacramentos em seus gestos de misericórdia realizados na força do Espírito, o caminho de seguimento de Cristo marcado pelo ano litúrgico... Assim, a frequente participação do cristão na liturgia o faz novamente sentir como aquela "árvore plantada à beira de um riacho, que dá fruto no devido tempo; suas folhas nunca murcham; e em tudo quanto faz sempre tem êxito" (Sl 1,3).

Hoje queremos recuperar o estilo catecumenal dos inícios do cristianismo e priorizar a catequese com adultos. A catequese para assimilar o estilo catecumenal precisará intensificar as relações com a liturgia e superar o modelo pastoral calcado no devocionismo.

1. Dos inícios até o século VI

Vamos voltar no tempo e pensar como os primeiros cristãos celebravam. Aos poucos eles deixaram o Templo de Jerusalém e as prescrições da lei de Moisés. Continuavam herdeiros do Antigo Testamento e por isso se sentiam, agora, o novo Povo de Deus, porém, tinham que constituir seu novo culto.

A liturgia dos primeiros séculos contava com uma intensa participação do povo. Nos séculos II e III, ainda não havia textos escritos para a celebração, era um período de *improvisação* e de *criatividade*. Aos poucos, por conta das heresias e da grande sabedoria de alguns bispos, deu-se início à fixação dos textos litúrgicos. Nesse período também se configuraram as várias famílias litúrgicas, cada uma com o seu rito próprio, mas todas católicas.[1]

No Ocidente, celebrava-se na língua mais conhecida por todos, o latim. O mais comum era *celebrar na casa da Igreja*, com bastante familiaridade. Imaginemos uma casa com uma sala no andar superior bastante ampla: "No primeiro dia da semana, estávamos reunidos para a fração do pão. Paulo [...] dirigia a palavra aos fiéis. Havia muitas lâmpadas *na sala superior*, onde estávamos reunidos" (At 20,7-8).

No primeiro século, a Eucaristia era acompanhada de uma ceia fraterna, chamada ágape, que a antecedia, assim como lemos em 1Cor 11,17-34. Porém, o contexto original desta refeição comunitária logo foi se perdendo. Restaram uma mesa, um cálice de vinho, um pão, e a comunhão, mas mesmo isto irá mudar: o pão se converterá em ázimo (sem fermento), o vinho ficará reservado aos ministros, e durante séculos os fiéis deixarão de receber a comunhão com frequência.

Da casa da Igreja passou-se para as basílicas romanas, edifícios amplos com uma nave central e duas laterais, que originalmente eram usados pelo tribuno romano e seus servidores para atender ao público. Os bispos foram equiparados aos altos funcionários da corte, passaram a utilizar o vestuário deles, que em parte permanece em nossos paramentos litúrgicos.

---

[1] Hoje temos 22 ritos próprios na Igreja Católica. Por exemplo: há o rito armênio, bizantino, malabar, maronita, copta, melquita, mozárabe, milanês...

Até o século VI, com o papa Gregório Magno (ano 570), temos a liturgia romana em sua *forma clássica*, com estilo marcado pela *precisão de linguagem*, *sobriedade dos gestos*, *brevidade dos ritos*, *escassa concessão ao sentimento* e *sem repetições*.

Séculos afora, a liturgia permanecerá estagnada em sua exterioridade, definida, apenas, como culto público regulamentado pela Igreja. Compreenderá a si mesma como ciência de cerimônias e de normas, ligada ao que se pode ou não fazer ritualmente e como obrigação de ir à missa aos domingos.

Ainda hoje, muitos a comparamos com as cerimônias oficiais dos grandes momentos de tomada de posse ou de chegada de um chefe de Estado. Por isso, não importa a fé que o noivo ou a noiva tenha, contudo, é obrigatório que o cerimonial do casamento seja cumprido à risca. Por outro lado, as devoções se encarregarão de substituir aquilo que a liturgia não conseguia oferecer: a vazão dos sentimentos, o protagonismo daqueles que rezavam e a compreensão do que se fazia na celebração. Daí, até hoje, é difícil avaliar a extensão e a importância do catolicismo popular com sua pujança, por exemplo: um Círio de Nazaré, as crenças e rezas populares, as devoções a Santo Expedito, Santa Edwiges, São Judas, São Severino...

2. A reforma litúrgica

O Concílio Vaticano II inaugurou uma nova fase de diálogo da Igreja com a pluralidade religiosa e cultural do mundo moderno. O Concílio restaurou a liturgia e a apresentou na Constituição *Sacrosanctum Concilium* (*SC*). Apoiando-se nas pesquisas sobre as fontes da liturgia em sua forma clássica, praticada pelos Santos Padres até o século V, a liturgia foi considerada mais do que apenas ritos externos e, assim, reencontrou o seu sentido legítimo e original, o que chamamos de sentido teológico.

Por isso, nossa forma atual de celebrar é tão concisa, está próxima das primeiras gerações cristãs e quer nos conduzir novamente para a finalidade primeira do culto litúrgico: fazer-nos beber na Páscoa de Cristo, de tal modo que entendamos que toda a nossa vida consiste em sermos transformados por seu amor redentor – *amar a Deus e amar ao próximo porque Ele nos amou primeiro*.

A liturgia busca ser mais humana, ressalta nossa comunhão de amor e de vida com o Pai, o Filho e o Espírito Santo. Prioriza as relações fraternas, pois na comunidade celebrante as pessoas se encontram, se educam, se estimam e se ajudam, motivadas unicamente pela fé no Ressuscitado.

O critério fundamental da reforma é obter a participação consciente, ativa e frutuosa de todos que celebram (cf. SC, n. 79), já que é um direito e uma obrigação do povo cristão decorrente da graça batismal (cf. SC, n. 14). Recomenda-se, para favorecer tal participação, que "as cerimônias resplandeçam de nobre simplicidade, sejam claras na brevidade e evitem repetições inúteis; devem adaptar-se à capacidade de compreensão dos fiéis e não precisar, em geral, de muitas explicações" (SC, n. 34) e, ainda, o uso da língua própria de cada nação (cf. SC, n. 36).

A liturgia renovada abriu, ainda, os tesouros da Sagrada Escritura de modo mais amplo, variado e adequado (cf. SC, nn. 33.35). A Palavra de Deus conquistou na liturgia um lugar de "máxima importância" (SC, n. 24), pois sua proclamação tem, em toda celebração, largo espaço.

Importância igualmente ressaltada é a do ano litúrgico (cf. SC, nn. 102-111), que anima a progressiva transformação pascal na trajetória dos fiéis ao longo do ano. O domingo é o fundamento e o núcleo de todo o ano litúrgico, é a festa primordial e, por isto, dia de alegria e de libertação do trabalho (cf. SC, n. 106). A mais antiga celebração na Igreja é a do domingo, "Dia do Senhor", por causa da ressurreição de Cristo.

Veja aonde chegamos! Alcançamos uma liturgia liberta do consumismo e do individualismo que nos faz antecipar o amor e a solidariedade de Deus por nós!

Liturgia e devoção

Mesmo celebrando o memorial de Cristo pela força atuante do Espírito Santo em nosso meio, *por que, ainda hoje, a fé nas devoções ressoa vigorosamente e substitui o culto litúrgico?* Em muitos lugares, os festejos do padroeiro são mais significativos que os da Semana Santa.

Lembremos que o catolicismo brasileiro se formou com pouca evangelização e muita devoção. Era comum o padre subir no lombo do cavalo e passar dias no sertão, indo de uma comunidade a outra, fazendo a "desobriga", que incluía o atendimento do povo durante a festa do padroeiro com novenário, batizados, primeiras comunhões e casamentos. E, naturalmente, ele conseguia celebrar somente uma Semana Santa na sede da paróquia.

Mais do que desenvolver a vida litúrgica, torna-se natural para muitos católicos consistir a prática religiosa de cumprir promessas e pedir sacramentos nos grandes momentos de passagem – Batismo, primeira comunhão, casamento e missa de sétimo dia. Durante séculos, diante de uma liturgia clericalizada, rezada numa língua estranha, era mais natural o povo criar suas próprias expressões nas quais poderia rezar da maneira que sabia, dançar de maneira alegre e se vestir como achasse melhor. Assim, surgiram as irmandades, os reizados, as folias de reis, os autos de Natal e as devoções.

Com a modernidade, muitas destas expressões religiosas assumiram novas formas, mas permanecem suas características principais: o grande sentimentalismo, o pedido de curas e graças urgentes e imediatas e o acento na fé individual – a oração e os cantos giram excessivamente em torno do "eu". Vamos entrar na casa de Deus com esta sensibilidade. Vamos celebrar ao Deus da vida apresentando-lhe nossas necessidades pessoais, nossas lutas e sentimentos. Sabendo, de antemão, que ele é o nosso defensor e o nosso libertador.

Celebrar uma liturgia livre dos fundamentalismos e do utilitarismo das curas, das libertações e das graças a todo custo tornou-se um desafio para vivermos, alegremente, a fé no Deus salvador de Jesus Cristo, na força do Espírito Santo. A celebração nos oferece esses frutos da graça e muito mais do que ousamos pedir, porém, ao nos fixarmos excessivamente neles, acabamos ignorando a gratuidade do seguimento de Cristo, que veio para fazer a vontade do Pai. E queremos que Deus se curve à nossa vontade.

A liturgia ressalta o caminho do discipulado, a transformação contínua do cristão nos mistérios celebrados e o assumir a cruz cotidiana na perspectiva otimista da ressurreição na vida eterna. Requer leitura da Palavra, participação na oração da comunidade, especialmente da Eucaristia dominical.

2 História da Salvação

Cada ser humano vive num tempo e espaço geográfico determinados. Temos a chance de viver uma só vez, com toda a responsabilidade que isso implica. Gostamos de ser responsáveis por nossas ações e, sobretudo, de agir com autonomia em nossas decisões. Avaliar e discernir a passagem do tempo em nossa vida é algo muito próprio do cristianismo. Não somos reencarnacionistas, que afirmam que nos purificamos a cada nova encarnação.

Nossa vida é uma só! E importa vivê-la bem.

Nossa vida é um contínuo exercício de liberdade e de acolhida da novidade do Espírito que nos impulsiona a perceber a vontade de Deus nos acontecimentos diários. É a oportunidade única de realizarmos o projeto de Deus e cumprirmos nossa vocação de seus filhos na história. Podemos imaginar que este modo de pensar leva as pessoas de fé a caminhos muito diferentes do que haviam planejado.

Por exemplo, a Bem-Aventurada Ir. Dulce dos Pobres, vinda de família de classe média, formou-se como religiosa numa congregação dedicada à educação em colégios e viu tudo se complicar ao perceber o insistente chamado de Deus nos pobres que moravam perto do cais do porto de Salvador, os quais ela começou a evangelizar. A penúria daquela população a incomodava e a sua dedicação a eles passou a ser cada vez mais plena. Inevitavelmente, depois teve que escolher entre permanecer na congregação ou abraçar aquela causa que a levaria por caminhos imprevisíveis.

Deus se revela hoje e age em nossa história num diálogo constante de providência e amor. Deus é o agente primeiro de toda a ação reveladora. Ele se comunica, antes de tudo, a si mesmo e os eternos desígnios de sua vontade. A finalidade de toda a sua ação é a salvação das criaturas humanas, constituídas suas parceiras e interlocutoras. Todo esse projeto ultrapassa completamente a compreensão da inteligência das pessoas. Estamos navegando em pleno mistério de amor. Esse relacionamento pessoal orienta nossa decisão de querer viver definitivamente em comunhão com ele.

A consequência mais exata e surpreendente é que, objetivamente, *Deus atua e nos fala eficazmente na celebração.* O acontecimento antigo rememorado, a Palavra proclamada que o atualiza e a certeza da plenitude da glória eterna se superpõem e, portanto, quando rezamos em comunidade o tempo se encolhe e se estica numa só vibração, nos deixando com uma única certeza: *Deus habita este lugar! Ele nos escuta e continua a agir em nosso favor.* Aquele que era e será sempre age agora.

1. O tempo de salvação

Imaginemos a linha do tempo, desde a criação do mundo até a segunda vinda triunfal de Jesus.

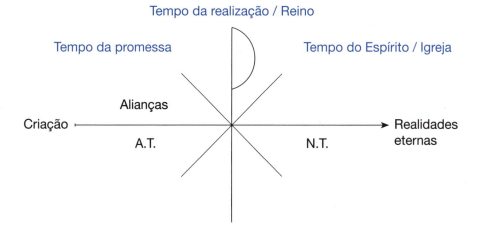

De maneira mais ampla, a Bíblia traça, em grandes etapas, a história da aliança de Deus com a humanidade, na qual o Senhor como um noivo/marido ciumento conduz o povo/a noiva por caminhos cada vez mais planos.

Pedagogicamente, vamos dividir a história da salvação em quatro *tempos*:

Preparação ou promessa – corresponde à criação, pecado das origens, alianças com o povo de Deus, promessa do Messias – é a revelação de Deus no Antigo Testamento.

Realização – compreende os mistérios da encarnação, vida, Paixão, Morte e Ressurreição de Cristo.

Igreja ou do Espírito – é o que vivemos hoje na Igreja impulsionados pelo Espírito Santo.

Eternidade – a Igreja gloriosa celebra o contínuo louvor entoado por aqueles que foram salvos junto ao Trono do Cordeiro.

O tempo da promessa

A criação é o grande ato amoroso do Pai de projetar o jardim e nele colocar o ser humano à sua imagem e semelhança para cultivá-lo e guardá-lo. No plano original, o ser humano vivia em harmonia com Deus e a natureza, e sempre dispôs da capacidade de livre escolha entre o bem e o mal. No entanto, o ser humano preferiu comer o fruto da árvore do conhecimento na tentativa de se tornar igual a Deus, assim rejeitou o plano do Pai. Seu pecado de orgulho rompeu a harmonia e, fazendo entrar no mundo a desobediência a Deus com as suas consequências de morte, de violência, de exploração do outro, de malícia e de poder.

Os pais têm um projeto bom para seu filho: formá-lo na universidade, ajudá-lo nos primeiros passos profissionais, acolhê-lo com seus amigos e envolvimentos afetivos. Porém, vê tudo isso ir por água abaixo por causa de um fato inesperado: o envolvimento com as drogas. Assim, como os pais deste jovem, Deus não desistiu da humanidade e prosseguiu com seu plano de amor.

Apesar do pecado de infidelidade e de recusa do projeto original de amor, Deus convoca, reúne e caminha com o povo. Não o deixou abandonado a um destino de morte. Ao contrário, estabeleceu uma *Aliança* que se renovou muitas vezes. Formou-se, assim, o povo eleito, porque Deus o escolheu para si, o chamou para uma vida de comunhão. Deus tem um plano de salvação para que o povo não se perca na idolatria, no culto aos falsos deuses, que o levaria para a perdição da escravidão, da injustiça e da violência.

Inicialmente, Deus fez Aliança com Abraão, prometeu-lhe uma grande descendência. Já idoso e com sua esposa, Sara, também com idade avançada e estéril, fez brotar a esperança com o nascimento de seu filho Isaac. Depois, Deus pedirá a Abraão a prova de sua fé, o sacrifício de seu único filho, Isaac. Porém, o Anjo do Senhor interveio antes que isso acontecesse.

Seguiu depois a descendência de Jacó com seus doze filhos. Após um grande período de carestia, os filhos de Jacó desceram para o Egito. Lá se tornaram um povo numeroso e forte. O Faraó decidiu controlar o crescimento do povo hebreu, matando seus primogênitos masculinos e submetendo-o a pesados trabalhos.

Inicia o *ciclo de Moisés*. Homem vocacionado por Deus, líder e libertador do povo que conversou com Deus face a face. Moisés não foi omisso, mas sensibilizou-se com o sofrimento do seu povo e não hesitou em libertá-lo da escravidão, do sofrimento e do poder opressor.

No tempo de Moisés, ocorreu o acontecimento fundante de todo o Antigo Testamento: a *páscoa – passagem* da escravidão para a liberdade, em que se deu o "êxodo", que significa "saída" e se refere à *fuga do Egito e à conquista da terra prometida*. Deus vem ao encontro da escravidão de seu povo para libertá-lo. O êxodo é a Páscoa propriamente dita.

O *êxodo* nos apresenta um Deus atento à situação do povo: "Eu vi a opressão de meu povo [...] e tomei conhecimento de seus sofrimentos" (Ex 3,7). Deus se sente interpelado e decide atuar: "Desci para libertá-los das mãos dos egípcios e fazê-los sair desse país para uma terra boa e espaçosa" (v. 8). A libertação implica *saída*. Não há lugar para meio-termo: abandono total da situação e do lugar da aflição. Se o serviço ao Faraó produz escravidão, a liberdade consiste no serviço a Deus: sair "para oferecermos sacrifícios ao Senhor nosso Deus" (5,3).

Os hebreus partiram como um grupo fugitivo. O Faraó saiu-lhes em perseguição e eles atravessaram o Mar Vermelho a pé enxuto (cf. Ex 14). "As águas voltaram e cobriram carros, cavaleiros e todo o exército do Faraó, que tinha entrado no mar em perseguição a Israel [...]. Os filhos de Israel, ao contrário, tinham passado a pé enxuto pelo meio do mar, cujas águas lhes formavam uma muralha à direita e à esquerda. Naquele dia, o Senhor livrou Israel da mão dos egípcios, e Israel viu [...] a mão poderosa do Senhor agir contra eles" (vv. 28-30).

Após a travessia, o povo se reunirá aos pés do monte Sinai e formalizará a Aliança. Para um povo recém-formado, ainda adolescente e precisando de balizas morais em sua liberdade reconquistada, Deus, por intermédio de Moisés, emite e entrega os Dez Mandamentos e outras inúmeras prescrições, impostas de fora para dentro (cf. Ex 19,16–20,1ss). A aliança do Sinai tem também um sinal formal que sela o pacto: um sacrifício e uma aspersão com sangue.

Deus mandará *os profetas* para lembrar ao povo as condições do pacto. Entretanto, profetas posteriores entreviram para os futuros tempos messiânicos uma Nova Aliança, que superaria e aperfeiçoaria a do Sinai: "Eu vos darei um coração novo e porei em vós um espírito novo. Removerei de vosso corpo o coração de pedra e vos darei um coração de carne. Porei em vós o meu espírito" (Ez 36,26-27).

"A Nova Aliança se distinguirá não pela novidade de suas condições, mas por sua interioridade. As antigas alianças estavam baseadas em sinais externos que não mudavam o coração do ser humano, inclinado à infidelidade e ao pecado. Deus estabelecerá uma Nova Aliança no coração deles."[1]

"Esta é a aliança que farei com a casa de Israel: colocarei a minha lei no seu coração, vou gravá-la em seu coração; serei o Deus deles, e eles, o meu povo. Ninguém mais precisará ensinar seu irmão, dizendo-lhe: 'Procura conhecer o Senhor!' Do menor ao maior, todos me conhecerão" (Jr 31,33-34).

Jesus Cristo, a realização da promessa

"Muitas vezes e de muitos modos, Deus falou outrora aos nossos pais, pelos profetas. Nestes dias, que são os últimos, falou-nos por meio do Filho" (Hb 1,1-2). São os últimos tempos, porque nada pode ser maior que a novidade: Jesus, Verbo de Deus encarnado.

"Ao chegar a plenitude dos tempos, Deus enviou o seu Filho, nascido de mulher e sujeito à lei" (Gl 4,4). Jesus se fez carne e tornou-nos "participantes da natureza divina" (2Pd 1,4). Desta forma, entrando em comunhão com Ele nos tornamos filhos de Deus.

Aquele que estava em Deus e era Deus se fez visível, se manifestou em nossa história, fez-se um de nós para ser solidário com o nosso destino. "E a Palavra se fez carne e veio morar entre nós" (Jo 1,14).

---

[1] LATORRE, Jordi. *Modelos bíblicos de oração*; herança do Antigo Testamento na Liturgia. São Paulo: Paulinas, 2011. p. 20.

No Batismo e no episódio da transfiguração, o Pai dá testemunho de Jesus, pois do céu se ouviu a voz, "Este é o meu Filho amado; nele está o meu agrado" (Mt 3,17; 12,18; 17,5 conforme a profecia de Is 42,1). Em Jesus Cristo se dá o perfeito encontro das duas naturezas: humana e divina numa só pessoa. Ele é chamado de o sacramento do Pai, ou sacramento primordial, porque no homem Jesus encontramos o Cristo, máxima revelação de Deus.

"Ninguém jamais viu a Deus. O filho único que está voltado para o seio do Pai, este o deu a conhecer" (Jo 1,18). Por suas obras e palavras, Jesus dá testemunho do Pai (Jo 3,11), assim como o Pai dá testemunho dele (Jo 5,36ss). Sendo um com o Pai (Jo 10,30), é seu perfeito comunicador. Por Jesus Cristo vamos ao Pai: *quem me viu, tem visto o Pai* (Jo 14,9); *como meu Pai me ama, assim também eu vos amo* (Jo 15,9).

Com Cristo, as feições de Deus adquirem sempre mais o rosto do Pai. Um Pai que nos ama e que vai refazer tudo de novo, selando o mundo da morte com a novidade absoluta da ressurreição. "O Pai que faz Justiça ao pequeno. Deus é o Pai de Jesus Cristo, que se fez o último de todos, o escravo (Fl 2,7) [...]. Ninguém soube mostrar, como Cristo, a ternura do Pai, a delicadeza 'materna' desse Deus para com os pequenos. É essa ternura pelos pequenos, pelos sofredores, pelos humilhados, pelos marginalizados que leva esse mesmo Pai a defender com força os seus filhos contra aqueles que os violentam, oprimem e marginalizam."[2]

Jesus Cristo inaugura o Reino

Os tempos estão maduros. "Depois que João foi preso, veio Jesus para a Galileia proclamando o Evangelho de Deus: completou-se o tempo, e o Reino de Deus está próximo. Convertei-vos e crede no Evangelho" (Mc 1,14-15).

Jesus dá sequência à missão de João Batista com uma novidade radical que se denomina "Evangelho" – Boa-Nova: é o Reino. Jesus Cristo, por meio de sua palavra, realiza o Reino porque sua pessoa é a própria Palavra eterna do Pai entre nós (cf. Jo 1,1). A boa notícia do Reino cumpre o tempo de Deus em nossa história.

---

[2] MASI, Nic. *Cativados por Cristo*; catequese com adultos. São Paulo: Paulinas, 2010. p. 34.

É a sua experiência de união com o Pai que o leva a viver e a propor um jeito totalmente novo de ver, pensar, agir e organizar as relações entre as pessoas. E tudo isso ele manifestou em si mesmo. Por isso, com ele "o Reino está no meio de nós" e é dom do Pai (Lc 16,20). Mas essa presença do Reino é ainda como fermento e semente: exige o acolhimento e o esforço do homem e da mulher para poder crescer (Mt 13,21-33), o que exige conversão dos corações e mudança das estruturas injustas.

O Reino é o próprio Filho de Deus, que assumiu a condição da natureza humana e inaugurou uma nova maneira de nos relacionarmos como filhos do mesmo Pai, isto é, como irmãos, além de estabelecer a fraternidade universal. "Todos os homens são chamados a entrar no Reino. Para ter acesso a ele, é preciso acolher a palavra de Jesus."[3] Cabe a nós somente uma atitude, a da conversão e adesão ao projeto do Pai. Na oração do Pai-Nosso, Jesus nos ensina a apressar a sua vinda, para que seja cada vez mais pleno neste mundo: "Venha o teu reino" (Lc 11,2).

Jesus realiza o mistério

Quando tratamos de religião, sempre nos referimos aos mistérios de cada uma delas. Precisamos sondar o mistério, nos aproximar dele devagarzinho, pois sempre nos parece muito grande. Diz a música: "Se eu sou algo incompreensível, meu Deus é mais. Mistério sempre há de pintar por aí".[4] A encarnação de Jesus Cristo, o Filho de Deus é a revelação definitiva do grande mistério.

O hino da *Carta aos Efésios* nos fala da grande manifestação do *mistério* – da decisão inabalável do Pai de salvar o mundo em seu Filho Jesus. *Este é o projeto do Pai, portanto, este é o mistério.*

"Ele (o Pai) nos fez conhecer o *mistério* de sua vontade, segundo o plano benevolente que formou desde sempre em Cristo, para realizá-lo na plenitude dos tempos: reencabeçar tudo em Cristo. Em Cristo fomos feitos seus herdeiros. Nele recebemos a marca do Espírito Santo prometido, que é a garantia da nossa herança" (1,9-11b.13b-14a).

Este mistério nos foi revelado porque vivemos o tempo da plenitude, tempo em que se realiza o plano de Deus, isto é, a integração de tudo

---

[3] Cf. *Catecismo da Igreja Católica*, n. 543; cf. também os nn. 541-556.

[4] "Esotérico" (Caetano Veloso/ Gilberto Gil).

num só corpo cuja cabeça é Cristo. *Todos nós alcançamos a salvação, não por mérito próprio, mas porque fomos predestinados.* Tomamos parte desta obra de integração em Cristo. Esta é a nossa herança: ser filhos no Filho. Diferente da herança do antigo Israel que era a terra. Ele é a Cabeça, o Princípio de tudo. Cristo derrama seu Espírito atrai tudo para si: a humanidade, a natureza e todo o universo. Temos, portanto, um lugar privilegiado no universo integrado em Cristo. Tudo procede do Pai e tudo volta ao Pai.

A revelação do plano de Deus para nós não é objeto de contemplação inerte exterior, nem uma série de deveres a cumprir. "Na realidade, estamos totalmente implicados no desígnio de Deus. A revelação do mistério (desse plano) é ao mesmo tempo a revelação da nossa vocação. E essa vocação marca definitivamente o nosso destino [...]. Nosso lugar no mistério foi predestinado, fixado e preparado por Deus, sem atentar de modo algum à nossa liberdade, mas, pelo contrário, para dar-nos o acesso à verdadeira liberdade."[5]

---

[5]   COMBLIN, José. *A fé no Evangelho*. São Paulo: Paulus, 2010. p. 61.

3 Centralidade da Páscoa

A reforma litúrgica promovida pelo Concílio Vaticano II propôs o princípio da centralidade da Páscoa vivida por Jesus, isto é, sua Paixão, Morte e Ressurreição como o memorial de toda ação litúrgica. Este é o fato determinante da fé cristã!

"Em cada momento da existência, acompanha-nos o nosso passado. Um desmemoriado não tem passado, não conhece o seu presente e nem pode projetar o seu futuro. Quanto maior e mais profunda for a memória que fazemos do passado, tanto melhor podemos conhecer o presente e mais solidamente posicionar-nos diante do futuro. Essa dinâmica vale também para as sociedades. Ancorar-se em suas ricas tradições é a condição de força e vitalidade de uma comunidade."[1]

Assim aconteceu com Jesus, que anualmente celebrava a Páscoa do seu povo, isto é, a saída do Egito – o êxodo –, e a esta acrescentou-lhe o sentido de sua partida para o Pai. Hoje, também nós celebramos a Páscoa da travessia do Mar Vermelho unida com o sentido de termos alcançado a terra prometida, porque Jesus, com o seu sacrifício na cruz, nos atrai para a glória da eternidade. Dessa forma, podemos fazer memória com a esperança da plenitude do futuro.

1. Páscoa do Antigo Testamento

A Páscoa é comemorada como festa de primavera. Lembremo-nos de que no hemisfério norte as estações do ano acontecem ao contrário das nossas. Quando lá é primavera, para nós é outono. No Oriente, os judeus se alegram com a chegada da primavera, pois brotam os trigais e os primeiros cachos de uva, e procriam as ovelhas, e, por isso, desde antigamente já era costume oferecer a Deus os primeiros frutos da lavoura e

---

[1] LOPES, Geraldo. *Gaudium et Spes*; texto e comentário. São Paulo: Paulinas, 2011. p. 7.

as primeiras crias do rebanho, eis o porquê *do pão repartido e do cordeiro imolado* numa ceia ritual.

No tempo de Moisés, ainda quando os hebreus eram escravos, essa festa primaveril foi ligada à experiência do "êxodo" – saída do Egito.

A libertação do Egito ficou profundamente marcada na lembrança do povo fiel. Uma vez estabelecido na terra de Canaã, o povo continuará lembrando e celebrando a ação de Deus. Portanto, o êxodo permanecerá vivo na conduta de Israel. "Essa mesma noite do Senhor deve ser observada por todos os israelitas, por todas as gerações" (Ex 12,42). "Toda a comunidade de Israel celebrará a Páscoa" (Ex 12,47).

Em cada geração, cada homem e cada mulher devem considerar a si mesmos como se eles tivessem saído do Egito, pois está escrito: "Naquele dia explicarás a teu filho: Isto é pelo que o Senhor fez por mim ao sair do Egito" (Ex 13,8). O Santo não apenas resgatou nossos pais, mas junto com eles nos redimiu também, como está escrito: "Ele nos tirou de lá para nos conduzir à terra que havia jurado dar a nossos pais" (Dt 6,23). A celebração da ceia pascal judaica se converte em *memorial* ativo que anima o povo de Deus a lutar por sua liberdade e se afastar de toda escravidão ao longo de sua história.

Memorial pascal

"Lembra-te [...] das grandiosas provas que viste com teus olhos, os sinais e prodígios, a mão forte e o braço estendido com que o Senhor teu Deus te fez sair" (Dt 7,19). O termo "lembrar", em hebraico *zakar*, é um dos verbos mais repetidos, em suas diversas formas, no Antigo Testamento. Adquire o sentido de *proclamar, celebrar, festejar*. Um acontecimento salvador do passado, ao ser lembrado, é motivo de celebração litúrgica: "Lembra-te de que foste escravo no Egito" (Dt 5,15).

A memória bíblica é mais que uma simples função do intelecto. Afeta toda a pessoa: uma referência ao passado que envolve o presente mediante o compromisso da celebração, da conversão, da fé, do louvor. A memória bíblica abraça todo o conjunto de acontecimentos do passado em que se encontram comprometidos Deus e o povo. Ambos se fazem presentes renovando esta relação e projetando esse acontecimento para o futuro.[2]

"A Páscoa passou a ser celebrada anualmente entre o Povo de Deus, para que ninguém jamais se esquecesse da sua origem (povo escolhido e libertado da opressão do Egito) e do seu Deus. *Nosso Deus é libertador* – essa era a grande certeza do povo. E a Páscoa era a grande festa da libertação. Êxodo e Páscoa são lembrados ao longo da Bíblia como marcantes e constitutivos do Projeto de Deus para seu povo, tornando-se um *credo* (oração recitada sempre pelo povo – cf. 1Sm 12,6; Js 24,17; Jz 6,8; 1Rs 8,21; 9,9; 2Cr 7,22; Jr 34,13; At 7,40; 13,17), repetido nos momentos importantes, tanto de alegria e festa como de tristeza e opressão."[3]

2. Cristo, nossa Páscoa

Jesus, o Filho de Deus, nos revelou a bondade e a misericórdia do Pai por meio do seu amor levado às últimas consequências. "Antes da festa da Páscoa, sabendo Jesus que chegara a sua hora de passar deste mundo para o Pai, tendo amado os seus que estavam no mundo, amou-os até o fim" (Jo 13,1). Sua entrega consciente àqueles que podiam matá-lo significou o enfrentamento do mal deste mundo em sua raiz. Sua única arma foi o amor desmedido.

Na Cruz, revela-se ao mesmo tempo "sacerdote, altar e cordeiro" (Prefácio da Quaresma V). Constituído Sumo Sacerdote e Mediador, entrega-se voluntariamente ao Pai como preço de libertação para todos. A ação poderosa do Pai, por seu Espírito, ressuscita Jesus dentre os mortos (cf. At 2,24). Este mistério central possibilita a toda a humanidade reencontrar o caminho da vida.

Ao celebrar pela última vez a Páscoa do Antigo Testamento com seus apóstolos, Jesus lhe confere um novo sentido. Antecipadamente, ele celebrou em forma de ceia pascal o que iria acontecer no calvário no dia seguinte: o seu sacrifício de expiação pelo pecado do mundo.

---

[2] Cf. LATORRE, Jordi. *Modelos bíblicos de oração*; herança do Antigo Testamento na Liturgia. São Paulo: Paulinas, 2011. p. 69.

[3] ROSA, Dirlei Abercio da. *Projeto do Pai*; roteiro para estudo do Antigo Testamento. São Paulo: Paulinas, 2010. p. 29.

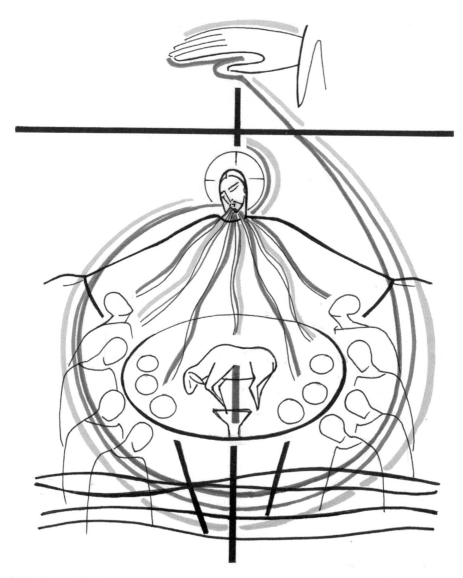

Cristo Ressuscitado como o altar, o sacerdote e a vítima que se oferece pela nossa salvação.
O sacrifício de Cristo na cruz, rememorado no pão e no vinho, atrai toda a humanidade e a conduz de volta, na força do Espírito, para o Pai.

Naquela noite, às vésperas de ele ser entregue, o pão, o cordeiro e o vinho da ceia pascal receberam um novo sentido. Nessa ceia, é costume bendizer a Deus sobre o pão sem fermento que é partido e distribuído; Jesus viu nesse gesto o sacrifício do seu corpo imolado na cruz e dado como alimento – "Eis o meu corpo, tomai e comei".

Os judeus, com o banquete do "cordeiro pascal", celebram o memorial do êxodo. Tudo isso começou precisamente com o sangue do cordeiro, que marcou suas portas na noite trágica da saída do Egito, início de sua salvação. Este grande acontecimento assinala a libertação do Egito, a aliança com Javé no Monte Sinai, a travessia do deserto durante quarenta anos e a entrada na terra prometida.

Os cordeiros sacrificados pelos judeus não eram mais que a figura e o anúncio do "verdadeiro Cordeiro" que realizou com seu sangue a Páscoa autêntica, a Passagem ao Pai, que salvou o mundo e selou a Nova Aliança. "Cristo, nossa Páscoa, foi imolado. Ele é o verdadeiro Cordeiro, que tira o pecado do mundo" (Prefácio da Páscoa I).

A Páscoa de Cristo, sua entrega à morte pela humanidade, substitui e cumpre a Páscoa judaica. O Servo que o profeta Isaías anunciara (cap. 53), levado à morte como um cordeiro, é este Cristo Jesus que se solidariza com o ser humano até o fim. Ele é o sacrifício definitivo e verdadeiro de toda a humanidade: "Pela oblação (oferta) de seu corpo, pregado na Cruz, levou à plenitude os sacrifícios antigos" (Prefácio da Páscoa V). Jesus é o novo cordeiro que tira o pecado do mundo, seu sangue redentor derramado na cruz perdoa todo pecado – "Eis o meu sangue, tomai e bebei".

Sua vida entregue reconcilia a humanidade pecadora com Deus. Cristo entrega sua vida "por vós", "por todos", "pelo perdão dos pecados". Essas expressões assinalam o aspecto central da morte de Jesus.

Jesus institui o *memorial de sua Páscoa* (Paixão, Morte e Ressurreição), a Eucaristia como o sacramento por excelência que expressa o significado de sua entrega como cumprimento do projeto do Reino de Deus.

Durante sua vida, Jesus celebrou muitas vezes *a Páscoa do Antigo Testamento*. Mas, no fim de seus dias, Jesus celebrou esta Páscoa e conferiu-lhe um novo sentido, o do seu sacrifício na cruz. Assim, a morte e a ressurreição de Jesus são o novo acontecimento histórico que reinterpreta a fuga do Egito. Vamos passar destes *dois acontecimentos* para suas várias celebrações na história.

A liturgia celebra a Páscoa

O *Catecismo da Igreja Católica* ensina: "O mistério pascal de Cristo é celebrado, não é repetido; o que se repete são as celebrações; em cada uma delas sobrevém o derramamento do Espírito Santo que atualiza o único mistério" (n. 1104). Uma coisa é a Páscoa como acontecimento histórico, no tempo de Pôncio Pilatos, ocorrido há dois mil anos, único e irrepetível, e outra, a sua atualização hoje em dia na celebração da liturgia.

O próprio Senhor enviou seus discípulos para celebrarem a Eucaristia como *memorial* do acontecimento culminante da história da salvação: "Façam isto em memória de mim" (1Cor 11,24-25). Participamos da Páscoa de Cristo fazendo memória, isto é, lembrando a Deus o sacrifício redentor de Cristo para que ele nos associe a esse acontecimento e renove a sua graça, por meio do gesto sacramental. Celebrar "o memorial do Senhor" significa, portanto, atualizar a presença de Cristo Ressuscitado, de modo que acontecimentos que historicamente pertencem ao passado se tornam de fato eficazes na vida do povo de Deus que celebra sua fé.

Toda a vida cristã é concebida como um caminho para reproduzirmos a páscoa de Cristo em nossa vida. Vamos de páscoa em páscoa até a páscoa derradeira.

4 Jerusalém Celeste

Cristo Jesus passou em seu Mistério Pascal a uma nova forma de existência. Foi constituído "Senhor" e primogênito de toda a criação. Entrou definitivamente na esfera do Espírito e vive para o Pai. *Esta é a etapa final da história da salvação.*

A morte desafia nossas seguranças e requer uma realidade plena, na qual o ser humano possa se realizar. Santo Agostinho nos diz: "Fizestes-nos para vós, Senhor, e o nosso coração andará inquieto enquanto não repousar em ti".[1] O ser humano tem sede do infinito, contempla as estrelas e seus olhos se inquietam com novas e indefinidas possibilidades. Traz consigo o desejo de plenitude que o transcende e o leva a um objetivo superior.

A morte desafia a autonomia da sociedade moderna. Muitas vezes, queremos ignorá-la, sepultando logo nossos falecidos e procurando escondê-la das crianças. No entanto, é o que temos de mais seguro em nossa existência, a ponto de João Guimarães Rosa afirmar várias vezes no conto em que dois valentões, depois de deixarem um longo rasto de sangue, acabam se atracando e constatando: "Cada um tem a sua hora e a sua vez: você há de ter a sua".[2]

O cristão é homem de esperança. Caminha neste mundo com segurança, porque se baseia na palavra de Cristo, que não volta atrás. "Eu sou a ressurreição e a vida. Quem crê em mim, ainda que tenha morrido, viverá. E todo aquele que vive e crê em mim, não morrerá jamais. Crês isto?" (Jo 11,25).

O céu é um "viver em Deus", em comunhão completa com ele. A felicidade eterna é a realização completa de nós mesmos, na posse do Bem Supremo. Como é importante aproveitar para Deus o tempo que ele

---

[1] *As confissões.*

[2] *A hora e a vez de Augusto Matraga.*

nos concede nesta vida! A felicidade futura se constrói agora. Tudo o que fazemos de bom para os outros é semente de ressurreição.

Não somos prisioneiros do tempo, há uma janela e uma porta abertas para a plenitude do amor onde se vive definitivamente essa realidade. Nossas limitações e fragilidades nos fazem voltar ao Senhor e para a eternidade. O Ressuscitado, vencedor da morte, é o fundamento de nossa fé.

1. Liturgia celeste

Na comunhão de todos os santos no Corpo de Cristo, nos unimos à *Igreja gloriosa*, àqueles que nos precedem na glória eterna, pois receberam o prêmio dos eleitos (cf. Mt 25,31-46). Toda celebração participa da santidade, do canto pleno que se ergue na Jerusalém Celeste, no Trono do Cordeiro e com a Virgem Maria, os apóstolos, os santos e os fiéis falecidos que cantam diante do trono do Cordeiro.[3]

"A fé é a certeza daquilo que ainda se espera, a demonstração de realidades que não se veem" (Hb 11,1). Cada celebração litúrgica é uma manifestação parcial do Reino que antecipa a realização plena e definitiva do projeto salvador de Deus, a glória eterna que já é realidade na Jerusalém celeste, até o dia em que Cristo, justo juiz, colocar os bons à sua direita e promover a ressurreição da carne. "Até que Deus seja tudo em todos" (1Cor 15,28).

"Vi uma multidão imensa, que ninguém podia contar, gente de todas as nações, tribos, povos e línguas. Estavam de pé diante do trono e do Cordeiro; vestiam túnicas brancas e traziam palmas na mão. Todos proclamavam com voz forte: A salvação pertence ao nosso Deus, que está sentado no trono, e ao Cordeiro. E todos os anjos que estavam de pé, em volta do trono e dos Anciãos e dos quatro Seres vivos, prostravam-se, com o rosto por terra, diante do trono. E adoravam a Deus" (Ap 6,9-11).

Na celebração, unimos nossas pobres vozes à liturgia plena e incessante celebrada no trono do Cordeiro com os cento e quarenta e quatro mil salvos (12 × 12 × 1.000). Este número bíblico indica a multidão incontável daqueles que lavaram suas vestes nas águas do Batismo, tes-

---

[3]   Cf. *Sacrosanctum Concilium*, n. 8.

temunharam o sangue do Cordeiro e, por isso, podem ostentar a palma da vitória dos mártires.

A celebração eucarística é tensão para a meta, antecipação do Paraíso, "penhor da glória futura". Por isso dizemos: *Anunciamos tua morte e ressurreição. Vem, Senhor Jesus!*

A Eucaristia é verdadeiramente um pedaço de céu que se abre sobre a terra; é um raio de glória da Jerusalém celeste, que atravessa as nuvens da nossa história e vem iluminar o nosso caminho.

Consequência significativa da tensão escatológica presente na Eucaristia é o estímulo que dá à nossa caminhada na história, lançando uma semente de ativa esperança na dedicação diária de cada um aos seus próprios deveres. De fato, se a visão cristã leva a olhar para o "novo céu" e a "nova terra" (Ap 21,1), isso não enfraquece, antes *estimula o nosso sentido de responsabilidade pela terra presente.*[4]

---

[4] JOÃO PAULO II. *Ecclesia de Eucharistia*; carta encíclica sobre a Eucaristia. São Paulo: Paulinas, 2003. nn. 19-20.

5 Tempo da Igreja e do Espírito

Na véspera de sua morte, nesse momento de tristeza foi que Jesus levantou o ânimo dos apóstolos, prometendo o Espírito Santo: "Agora, eu vou para aquele que me enviou, e nenhum de vós me pergunta: 'Para onde vais?' Mas, porque vos falei assim, os vossos corações se encheram de tristeza. No entanto, eu vos digo a verdade: é bom para vós que eu vá. Se eu não for, o Defensor não virá a vós. Mas, se eu for, eu o enviarei a vós" (Jo 16,5-7).

Jesus chamou o Espírito Santo de Paráclito. Quer dizer: o defensor, o advogado, o intercessor, o consolador. Convinha que Jesus partisse, porque o Espírito Santo que ele tencionava enviar viria para "ensinar-lhes toda a verdade".

Jesus Ressuscitado não nos deixou órfãos, porque enviou o Espírito como penhor de sua volta para o Pai. Ele, o Filho de Deus, o derrama sem medidas sobre a humanidade, porque o possui em plenitude: "Eu vi o Espírito descer do céu, como pomba, e permanecer sobre ele" (Jo 1,32); "O Espírito do Senhor está sobre mim, pois ele me ungiu" (Lc 4,18; cf. Is 61,1).

Páscoa e Pentecostes estão estreitamente unidos, se requerem mutuamente e formam unidade, pois, "para levar à plenitude os mistérios pascais, derramastes, hoje, o Espírito Santo prometido" (Prefácio da solenidade de Pentecostes).

Os profetas tinham anunciado uma Nova Aliança inscrita nos corações.

No Pentecostes cristão, não há um Deus terrível e mandão, que impõe leis, assim como aconteceu com o decálogo dado por Moisés no Monte Sinai. Temos, pelo contrário, o Espírito Santo, que suavemente é introjetado no coração humano, que o torna terno, amável e compassivo. Temos a única Lei Fundamental do Amor, que sintetiza e abrange o proceder cristão, cada qual agindo, não por imposição externa, mas por ação espontânea do Espírito. "Então apareceram línguas como de fogo

35

que se repartiram e pousaram sobre cada um deles. Todos ficaram cheios do Espírito Santo" (At 2,3-4a).

A Nova Aliança inaugura uma nova forma de adoração, que não se dá pelos sacrifícios de vítimas externas, mas a partir da vivência da lei do Espírito gravada no íntimo da consciência de cada batizado. É o sacrifício espiritual que cada um é chamado a oferecer em união com o sacrifício de Cristo. O culto cristão realiza as palavras de Jesus à Samaritana: "Mas vem a hora, e é agora, em que os verdadeiros adoradores adorarão o Pai em espírito e verdade" (Jo 4,21).

Esse Espírito impele os seguidores do Ressuscitado a continuarem no mundo a sua obra. "Mas recebereis o poder do Espírito Santo que virá sobre vós, para serdes minhas testemunhas em Jerusalém, por toda a Judeia e Samaria, e até os confins da terra" (At 1,8).

A Páscoa inaugura o tempo da Igreja como antecipação ao final dos tempos, porque o Espírito Santo foi dado e é ele que conduz toda a criação para a sua consumação em Cristo. A Páscoa celebrada na história é sempre este novo começo que não acaba até que chegue para todos a plenitude final (cf. Ef 1,23).

A celebração litúrgica acontece no tempo atual da Igreja, nela confluem o *passado* (memória do acontecimento fundante da Páscoa), o *presente* (a graça do Espírito é sempre atual e derramada em profusão) e o *futuro* (pois celebramos o que já é realidade plena na Jerusalém celeste junto ao trono do Cordeiro).

O Espírito Santo atualiza, por seu poder transformador, o mistério de Cristo. Por isso, invocamos sua presença durante as celebrações. Ele, como o fogo, transforma em vida divina tudo o que se submete a seu poder: habita nas celebrações, nos sacramentos, enchendo-os de graça e fazendo deles acontecimentos salvadores.

A liturgia nos faz reviver toda a história da salvação como um encadeamento de fatos conduzidos por Deus e unificados finalmente por Ele no mistério pascal de seu Filho. A liturgia não só comemora, mas torna atual essa salvação, de tal modo que a Igreja não receia em afirmar que, pela celebração eucarística, realiza-se "a obra de nossa redenção".[1]

---

[1] *Sacrosanctum Concilium*, nn. 2 e 102.

1. Cristo reza com a Igreja

Muitas vezes somos levados a pensar que o culto cristão seja somente a nossa oração dirigida ao Pai. Outros podem se iludir pensando que a eficácia da oração litúrgica consiste em falar muito alto, chorar ou se derramar em sentimentos piedosos.

Tenhamos presente que o orante supremo diante do Pai é Cristo, Senhor de todos e único mediador.[2] De tal maneira ele incorpora a si toda a comunidade humana, que existe íntima relação entre a oração de Cristo e a oração daquela comunidade ali reunida.

Na cruz, "um soldado golpeou-lhe o lado com uma lança, e imediatamente saiu *sangue e água*" (Jo 19,34). Assim, como da costela de Adão nasce Eva; do coração de Cristo na Cruz surge a Nova Eva, isto é, a nova humanidade redimida pelo seu sangue e santificada pelo Espírito. Esta humanidade para quem ele deu a vida é a Igreja reunida dos quatro pontos do mundo. "Do lado de Cristo dormido na cruz nasceu o sacramento de toda a Igreja".[3]

A Igreja é uma comunidade de graça e de salvação na qual está presente o Senhor glorificado, exercendo seu senhorio e seu poder salvador. "Soprou sobre eles e falou: 'Recebei o Espírito Santo" (Jo 20,22). Ela une o visível e o invisível, o humano e o divino, o institucional e a graça. Sua missão é servir ao anúncio de Jesus Cristo que ressuscitado comunica esta vitória a toda a criação (cf. Mt 28,16-20).

"Aqueles que são contagiados pela ressurreição de Cristo e dela participam, por meio da fé e do Batismo, formam o corpo que tem por cabeça o próprio Senhor Jesus e por alma o Espírito Santo. A ressurreição permanece atual no Corpo de Cristo que é a Igreja."[4]

"Cristo é a cabeça deste corpo. Com efeito, todas as coisas nele foram criadas. Tudo Ele domina, enchendo seu corpo com as riquezas da sua glória. Todos os membros são chamados a se conformar com Cristo, até que Ele seja tudo em todos, glorificando o seu corpo. Pela ação do Espírito presente nos sacramentos, Cristo santifica, sustenta, e vivifica

---

[2]   1Tm 2,5; Hb 8,6; 9,15; 12,24.

[3]   *Sacrosanctum Concilium*, n. 5.

[4]   CNBB. *Anúncio querigmático e evangelização fundamental*. Brasília: Ed. CNBB, 2009. n. 40. Subsídios doutrinais n. 4.

sua Igreja [...]. Toda essa ação é dinamizada pela alma da Igreja, que é o Espírito Santo unificador. Ele conduz a Igreja até que alcance a plenitude de Deus".[5]

A Igreja é uma comunidade, um corpo espiritual, nossa união com Cristo é como da cabeça com o corpo. Assim como é impossível um corpo continuar a viver separado da cabeça, assim nós, cristãos, não seremos Igreja nem alcançaremos a salvação separados de Cristo e de quem o representa. Não somos apenas um grupo reunido em torno de Jesus ou de seus representantes, como se faz com um líder, por simples entusiasmo por suas ideias. Nossa união com ele é vital: dele, como da cabeça, é que vem a vida sobrenatural que nos vivifica como Corpo Místico, sobrenatural.

A Igreja, mais que uma organização, é um "organismo"; quer dizer, ela nasce de uma relação interpessoal com Cristo, e vive e se sustenta somente por esta relação vital com ele. *A maneira mais pedagógica de compreender a ação litúrgica na vida do fiel é partir da imagem do batizado inserido no Corpo de Cristo, a sua Igreja.*

> A liturgia é obra do Cristo inteiro, visto que "Ele é a Cabeça do corpo, que é a Igreja" (Cl 1,18). Da cabeça se difundem por todo o corpo as suas riquezas. Cristo é o único liturgo e o único santificador de seu povo. "Como o corpo é um, embora tenha muitos membros [...], assim também acontece com Cristo" (1Cor 12,12).

Sumo sacerdote

A *Carta aos Hebreus* aplica a Cristo o título de "Sumo Sacerdote". Mesmo que em seu tempo fosse tido como profeta, Jesus também é sacerdote porque, na condição de Filho de Deus, se compadece das e compartilha as limitações humanas. Por isso está perfeitamente *solidário* com a humanidade e totalmente *consagrado* à vontade de Deus. Com os seus braços abertos na cruz, ligou o céu à terra, uniu em si mesmo a humanidade com a divindade. *Jesus exerce o seu sacerdócio em favor do seu corpo; isto é, oferece a sua vida em favor da humanidade.*

---

[5] LOPES, Geraldo. *Lumen Gentium*; texto e comentário. São Paulo: Paulinas, 2011. p. 44.

O sacrifício de Cristo na cruz é eterno, não passará nunca. Jesus continua a se oferecer pela nossa salvação. "Jesus, uma vez que permanece para sempre, possui um sacerdócio que não passa. Por isso, ele tem poder ilimitado para salvar aqueles que, por seu intermédio, se aproximam de Deus, já que está sempre vivo para interceder por eles" (Hb 7,24-25).

Este sacerdócio permanece vivo e é exercido na Igreja mediante os sinais sensíveis – água, pão, vinho, óleo – para a nossa santificação.[6] Agora, por meio da liturgia, Cristo age na Igreja, torna presente a obra da sua redenção. *A liturgia é o lugar próprio e principal onde a comunidade dos que creem em Jesus Cristo se revela e se manifesta como Igreja, sacramento de unidade e meio eficaz de incorporação das pessoas a Cristo e à vida divina.*

A liturgia é a ação própria da Igreja que, em nome de Cristo, santifica e salva a humanidade. Por isso, "a liturgia é tida como o exercício do serviço sacerdotal de Jesus Cristo",[7] que se deu maximamente em sua oferenda na cruz. Este sacerdócio é praticado e é comum a todo o Corpo místico, isto é, a nós que somos os seus membros.

A Igreja, enquanto marcada e selada "com Espírito Santo e o fogo" (Mt 3,11), prolonga e manifesta Cristo ao mundo, pois continuam no tempo a presença e a obra da Palavra que se fez nossa carne. Por meio de seu Espírito, Jesus realiza a obra de nossa salvação, que permanece viva e operante entre nós (cf. 1Cor 6,11).

"O mesmo e único Espírito guia e fortalece a Igreja no anúncio da Palavra, na celebração da fé e no serviço da caridade, até que o Corpo de Cristo alcance a estatura de sua Cabeça (cf. Ef 4,15-16). Desse modo, pela presença eficaz de seu Espírito, Deus assegura até a parusia (segunda vinda de Cristo) sua proposta de vida."[8]

---

[6] *Sacrosanctum Concilium*, n. 7: "A liturgia é tida como o exercício do serviço sacerdotal de Jesus Cristo, no qual, mediante sinais sensíveis, é significada e, de modo peculiar a cada sinal, realizada a santificação do homem; e é exercido o culto público integral pelo Corpo Místico de Cristo, Cabeça e membros".

[7] *Sacrosanctum Concilium*, n. 7.

[8] *Documento de Aparecida*, n. 151.

2. O Espírito na liturgia

Em cada celebração sobrevém o derramamento do Espírito Santo que atualiza o único mistério. A liturgia e os sacramentos da Igreja continuam em nosso tempo os gestos salvadores de Cristo que revelam a ternura e a misericórdia do Pai. A Igreja celebra a liturgia e os sacramentos em obediência à vontade do Senhor (como a mulher do evangelho, que toca a ponta de seu manto, provocando a saída da força de Cristo, que a cura, cf. Mc 5,25-34). Hoje em dia, o Senhor Glorioso continua comunicando sua força, que cura, que alimenta e que perdoa.

A Igreja ritualizou os gestos de misericórdia que Jesus praticou, os quais são sacramentos do amor de Deus. Jesus praticou esses gestos porque, antes de tudo, ele é o Filho de Deus que se fez carne e veio habitar entre nós.

"Jesus, o Bom Pastor, quer comunicar-nos a sua vida e colocar-se a serviço da vida. Vemos como ele se aproxima do cego no caminho (cf. Mc 10,46-52), quando dignifica a samaritana (cf. Jo 4,7-26), quando cura enfermos (cf. Mt 11,2-6), quando alimenta o povo faminto (cf. Mc 6,30-44), quando liberta os endemoninhados (cf. Mc 5,1-20). Em seu Reino de vida, Jesus inclui a todos: come e bebe com os pecadores (cf. Mc 2,16), sem se importar que o tratem como comilão e bêbado (cf. Mt 11,19); toca com as mãos os leprosos (cf. Lc 5,13), deixa que uma prostituta lhe unja os pés (cf. Lc 7,36-50) e, de noite, recebe Nicodemos para convidá-lo a nascer de novo (cf. Jo 3,1-15). Igualmente, convida seus discípulos à reconciliação (cf. Mt 5,24), ao amor pelos inimigos (cf. Mt 5,44) e a optarem pelos mais pobres (cf. Lc 14,15-24)."[9]

Desde quando Cristo deixou de estar presente de forma visível entre nós, "tudo o que havia de visível em nosso Redentor passou para os sacramentos", como afirmou São Leão Magno.[10] "Eu te encontro em teus sacramentos", diz santo Ambrósio a Cristo.[11]

Ele entregou-nos sua força, seu Espírito, pelo qual nos faz capazes de agir como filhas e filhos amados de Deus Pai, realizando e continuan-

---

[9] *Documento de Aparecida*, n. 353.

[10] LEÃO MAGNO. *Segundo sermão na Ascensão do Senhor*; PL 54, 398. In: *Sermões*. São Paulo: Paulus, 1996. p. 174. Patrística 6.

[11] AMBRÓSIO DE MILÃO. *Apol. Prophet. David*, 5, 8; PL 14, 916.

do com Ele sua ação libertadora e redentora a serviço da vida abundante para todos, até que seu Reino se estabeleça definitivamente.

Definitivamente, a liturgia não é teatro, nem lugar em que só se fazem exortações moralizantes. A liturgia é ação, é Deus agindo agora em nossa vida pela força do mesmo Espírito que conduziu Moisés, os profetas, Jesus, os apóstolos e os santos de todos os tempos. Na ação litúrgica, os sinais falam, os gestos comunicam e o silêncio não é mera suspensão de atividades, mas momento fecundo de manifestação do Espírito do Senhor em meio à sua Igreja.

> "O Espírito Santo, que está em Cristo, em toda a Igreja e em cada um dos batizados, é quem realiza a unidade da Igreja orante. O mesmo 'Espírito vem em socorro de nossa fraqueza' e 'intercede em nosso favor com gemidos inefáveis' (Rm 8,26). Com o Espírito do Filho, ele infunde em nós 'o espírito de adoção filial, no qual clamamos: Abba, Pai' (cf. Rm 8,15; Gl 4,6; 1Cor 12,3; Ef 5,18; Jd 20). Por conseguinte, não pode haver oração cristã sem a ação do Espírito Santo, que unifica a Igreja inteira, levando-a pelo Filho ao Pai."[12]

---

[12] Instrução Geral sobre a Liturgia das Horas, n. 8.

Nossa configuração em Cristo

6 Iniciação pascal

Os temas tratados até aqui querem nos ajudar a ter presente que a salvação é um acontecimento que faz parte da nossa história. Nós não a vemos, mas a temos viva e atuante. Sintonizamo-nos com ela por meio da fé. Surgem algumas perguntas: *Como fazemos parte do mistério da salvação em Jesus Cristo? O que acontece conosco? O que fica diferente em nós quando participamos desse mistério? Como somos iniciados neste mistério?*

Ser iniciado implica uma transformação de algo que não era, mas que de agora em diante começa a ser diferente. Afeta radicalmente a pessoa inteira, a sua identidade, o seu campo de relações com os amigos e fundamentalmente com Deus. Para se aperfeiçoar mais como iniciado, deverá estar sempre disposto a morrer para modos ultrapassados de viver e renascer para uma vida superior.

Só faz sentido entrar no mundo da celebração litúrgica se formos iniciados, transformados por ele. Do contrário, tudo continuará na mesmice! A fé nos faz ser muito diferentes, alcançamos a vida nova do Ressuscitado, vibramos com seu Espírito e descobrimos uma outra forma de encarar o mundo.

O acontecimento da Páscoa é a condição de nossa existência. Temos que experienciá-la para torná-la nossa Páscoa. Os sofrimentos que Cristo enfrentou por ter superado o legalismo, os preconceitos e as discriminações passam a ser igualmente vividos por nós. Claro, sempre com a garantia que o Pai nos dá. Assim como Jesus foi vitorioso sobre o mal e a morte, também nós o seremos.

Como o corpo à cabeça, a Igreja está continuamente unida a Cristo através dos sacramentos. Por eles a vida de Cristo difunde-se nos que creem. Ao sermos *associados ao Corpo de Cristo*, por meio dos sacramentos da iniciação cristã – Batismo, Confirmação e Eucaristia – *também participamos de sua oferta ao Pai!*

Nele incorporados, somos "filhos no Filho", juntos constituímos a família de Deus. Ninguém mais é estranho (Ef 2,19-22), todos temos o mesmo Pai, a mesma vida, o mesmo destino. Assim, participamos da vida e da missão sacerdotal de Jesus Cristo.

A iniciação cristã introduz o batizando numa comunidade de fé e de amor: a Igreja. Como membros do corpo místico de Cristo, os cristãos são povo de Deus. O Batismo é a porta pela qual passamos a fazer parte desse povo, dessa comunidade dos que creem em Cristo e querem viver seus ensinamentos.

1. Batismo

Quando crianças, recebemos o sacramento do Batismo, que nos levou desde cedo a participar da Morte e Ressurreição de Cristo e nos deu sua vida divina. Isso significa ser incorporado nele. Recebemos o Espírito do Ressuscitado e passamos a ser sua morada, templo do Espírito. O Pai nos recebe como filhos no Filho, pois reconhece no batizado a imagem de seu Filho e o seu Espírito. Ora, se temos o Espírito de Cristo, somos parte dele. Cristo é a cabeça, nós somos os membros do seu corpo.

O Batismo nos faz morrer e ressuscitar com Cristo para tornar-nos uma coisa só com ele (Rm 6,5). Pelo Batismo assumimos a mesma missão de Cristo, porque nos tornamos seus discípulos e nele somos incorporados.

Jesus Cristo anuncia o Reino que se confronta diretamente com o espírito do mundo. A cruz surge como resultante desta contradição, como fruto da vaidade, da soberba, ou seja, do pecado do mundo. Cristo foi condenado porque amou até o fim (cf. Jo 13,1), defendeu o pobre, o órfão e a viúva; inaugurou o Reino de justiça, de solidariedade, sem exclusão.

Esse exercício de vencer o pecado, o mal e o egoísmo é proposto como missão ou projeto de vida para aquele que foi associado a seu corpo. Somos convocados a viver sua Páscoa em nós e, assim, amar servindo, como ele o fez no lava-pés. O cristão traz no próprio corpo as marcas da morte de Cristo (cf. Gl 2,19-20; 6,17; 2Cor 4,10-12), isto é, assume a mesma dinâmica que levou Cristo da morte à vitória sobre o tentador deste mundo. Por isso, revivemos os mistérios de sua vida, assemelhando-nos a ele, morrendo com ele e ressuscitando, até chegarmos a reinar com ele (cf. Fl 3,21; 2Tm 2,11; Ef 2,6; Cl 2,12).

O Pai nos concede todos os dons no Batismo, nos aceita como filhos, porque recebemos o Espírito da Ressurreição, e perdoa nossos pecados. Porém, *permanece em nós a liberdade de aceitar ou de contrariar o plano do Pai e optar pelo mal. Por isso, a vida cristã é o espaço de tempo que temos para nos assemelhar a Cristo com nossos atos e maneira de ser.* "O que houver lutado com valentia, receberá a coroa" (2Tm 2,5). A vida cristã é tida como o tempo do desafio, da encarnação no dia a dia da morte de Cristo para merecermos a vitória de sua Ressurreição, para corresponder com retidão de vida ao dom que o Pai lhe deu. Viver esse amor-doação é a identidade do cristão.

A unção recebida no Batismo associa o fiel ao sacerdócio de Cristo, o capacita para oferecer a própria vida como hóstia santa, é o chamado "sacerdócio comum dos fiéis". Os cristãos estão verdadeiramente revestidos de uma dignidade sacerdotal, fruto de sua incorporação a Jesus Cristo. Por isso, são capazes de prestar a Deus um culto autêntico, que consiste na transformação de sua existência pela caridade divina.

"Por meio de Jesus, ofereçamos a Deus um perene *sacrifício* de louvor, isto é, o fruto dos lábios que celebram o seu nome. Não vos esqueçais da prática do bem e da partilha, pois estes são os *sacrifícios* que agradam a Deus" (Hb 13,15-16).

Neste texto, "por duas vezes aparece a palavra *sacrifício*, a primeira referida ao *louvor* de Deus, a segunda à *ajuda mútua* entre cristãos. Voltamos a encontrar as duas atitudes existenciais de Cristo: entrega a Deus e solidariedade com a humanidade. O cristão, conformando sua vida com as atitudes essenciais de Cristo, transforma também sua vida em sacrifício. A vida do cristão se converte, assim, em ponto de encontro entre a humanidade e a divindade. Isso se realiza 'por meio de Cristo'. O sacrifício existencial de Cristo atua e se prolonga no sacrifício existencial do cristão. Graças ao fato de Cristo ter se transformado de uma vez para sempre em sacrifício de reconciliação, pode outorgar a salvação àqueles que lhe seguem no caminho da vida".[1]

Assim, desde seu Batismo, o cristão aprende que viver em Cristo é amar sem limites, é doar-se a si mesmo em favor dos outros. Mesmo que isso resulte em sofrimentos, incompreensões e até perseguição, como

---

[1] LATORRE, Jordi. *Modelos bíblicos de oração*; herança do Antigo Testamento na Liturgia. São Paulo: Paulinas, 2011. p. 50.

aconteceu com Cristo. Nessa ótica, amar, pensar, viver e sofrer como Jesus torna-se a fonte de onde emana o testemunho na missão, na qual se assumem conscientemente os desafios de ser cristão.

2. Confirmação

Os discípulos e Maria recebem o Espírito Santo e são consagrados como discípulos do Senhor Ressuscitado. É o Espírito Santo que sustenta os batizados no caminho de seguimento de Cristo. O sacramento da Confirmação aperfeiçoa a graça batismal. Acontece uma nova efusão do Espírito, na qual o crismando participa da dimensão pentecostal do mistério da Páscoa. A Confirmação enriquece a graça do Batismo, pois somos enriquecidos pela força especial do Espírito Santo que nos torna testemunhas *mais* firmes e fortes na fé, e mais comprometidas e unidas à Igreja de Cristo.

Quando a Confirmação é celebrada em separado do Batismo, a liturgia do sacramento começa com a renovação das promessas do Batismo e com a profissão de fé dos crismandos. Assim, aparece com maior clareza que a Confirmação está unida ao Batismo.

Em seguida, o bispo estende as mãos sobre o conjunto dos confirmandos, gesto que, desde os apóstolos, é sinal de comunicação do dom do Espírito, que completa a graça do Batismo (cf. At 8,15-17; 19,5ss).

Já no início da Igreja, para melhor significar o dom do Espírito Santo, acrescentou-se à imposição das mãos uma unção com óleo perfumado: o óleo do santo crisma. Essa unção ilustra o nome de "cristão", que significa "ungido" e que tem origem no próprio nome de Cristo, ele que *Deus ungiu com o Espírito Santo* (At 10,38).[2] Constitui o rito essencial do sacramento da Crisma, o qual confere o Espírito Santo através da unção com o santo crisma na fronte do crismando pelo bispo.

Se olharmos a Bíblia, o significado da unção é rico. O óleo é sinal de abundância e de alegria. Ele purifica as pessoas antes e depois do banho, por exemplo. Torna a pessoa mais ágil (unção dos atletas e dos lutadores), é sinal de cura (ameniza as contusões e as feridas) e faz irradiar beleza, saúde e força.

---

[2] Cf. *Catecismo da Igreja Católica*, nn. 1288-1289.

Todos esses significados primeiros têm seu sentido no sacramento da Confirmação. A unção crismal é o sinal de uma consagração. Portanto, "pela Confirmação, os cristãos, isto é, os que são ungidos, participam mais intensamente da missão de Jesus e da plenitude do Espírito Santo, de que Jesus é cumulado, a fim de que toda a vida exale o bom odor de Cristo".[3]

Por essa unção o crismando recebe o "selo", a "marca", do Espírito Santo. Esse selo do Espírito Santo marca a pertença total a Cristo, para sempre, bem como a promessa da proteção divina.

A Confirmação, aperfeiçoamento e prolongamento do Batismo, faz os batizados avançarem no caminho da iniciação cristã, pelo dom do Espírito que capacita o indivíduo a viver as exigências do caminho pascal, rememorado no sacrifício da Eucaristia. A assinalação da cruz feita no corpo dos adultos na entrada do catecumenato ou no peito da criança, logo no início da celebração do seu Batismo, chega à sua plenitude com a assinalação da cruz com o óleo do crisma: "Recebe por este sinal † o Espírito Santo, dom de Deus". Esse sinal associa a pessoa ao mistério da cruz de Cristo, para que pela força do Espírito Santo vença os sofrimentos e seja sempre fiel.

3. Eucaristia

A configuração com Cristo, tida como transformação interior e para sempre, ocorrida no dia do Batismo, deve ir consolidando-se e aprofundando-se mediante a participação na vida sacramental da Igreja. A intenção é que o batizado viva a Páscoa de Cristo cada vez mais real e plenamente. O Batismo, enquanto vida nova em Cristo, faz-nos participantes da salvação em Cristo e nos faz romper com o pecado e viver de acordo com Cristo, no seguimento e no testemunho do Reino.

A Eucaristia é a possibilidade de continuarmos participando do mistério da Paixão, Morte e Ressurreição do Senhor com a finalidade de nos assemelharmos sempre mais ao Senhor, por meio de atitudes cada vez mais de acordo com o Evangelho. No Batismo, a identificação com o Senhor aconteceu pela graça do Espírito, e a nossa resposta de fé de

---

[3] Ibid., n. 1294.

adesão ao projeto de Deus ficou em aberto. A vida toda do cristão é esta possibilidade de responder "sim" à vontade do Pai de salvar o mundo, renunciando ao pecado e ao mal.

"A Igreja, que é o corpo de Cristo, participa da oferta de sua Cabeça. Com Cristo, ela mesma é oferecida inteira. Ela se une à sua intercessão ao Pai por todos os homens. Na Eucaristia, o sacrifício de Cristo se torna também o sacrifício dos membros do seu Corpo. A vida dos fiéis, seu louvor, seu sofrimento, sua oração, seu trabalho são unidos ao de Cristo e à sua oferenda total."[4]

Oferecemos a ele nossa vida, nosso trabalho, nossos estudos e nossa oração para o bem dos outros, da família, dos doentes, enfim, de toda a humanidade como uma oferta agradável ao Pai. Dessa forma, realizando a Páscoa de Cristo em nossa vida, estaremos mais próximos do coração de Cristo e nos tornaremos mais semelhantes a ele.

Assim rezamos na Oração Eucarística IV: "Que, reunidos pelo Espírito Santo num só corpo, nos tornemos em Cristo um sacrifício vivo para o louvor da vossa glória. Fazei de nós um sacrifício de louvor".

"O sacrifício dos cristãos baseia-se no fato de formarmos um só corpo em Cristo [...]. A oferenda da própria vida a Deus, realizada na vida cotidiana, adquire o valor e a consistência da realidade do sacrifício de Cristo oferecido pela Igreja. O ato de culto que o cristão oferece diariamente, por força do sacerdócio batismal, funde-se com a oferenda da Igreja, a qual, por sua vez, está associada ao sacrifício de Cristo. Na liturgia eucarística completa-se e alcança a perfeição a oferenda de cada cristão e da própria Igreja, corpo de Cristo e comunidade cultual, graças à presença sacramental do sacrifício de Cristo."[5]

Na celebração da missa os fiéis constituem o povo santo, o povo adquirido e o sacerdócio régio, para dar graças a Deus e oferecer o sacrifício perfeito, não apenas pelas mãos do sacerdote, mas também juntamente com ele, e aprender a oferecer-se a si próprios.[6]

---

[4] Ibid., n. 1368.

[5] LÓPEZ MARTIN, Julián. *No Espírito e na verdade*; introdução teológica à liturgia. Petrópolis: Vozes, 1996. v. 1, p. 72.

[6] Instrução Geral sobre o Missal Romano, n. 95.

A iniciação cristã nos tornou participantes conscientes do Mistério Pascal e da comunidade eclesial, a fim de que vivamos a dinâmica da união com Cristo, buscando assemelhar-nos a ele e levar uma experiência de fé ligada à vida, num processo contínuo de conversão.

O fato de sermos iniciados na fé prolonga-se naturalmente por toda a nossa existência, e nossa vida inteira se revela necessária para corresponder a este dom. Só com o passar do tempo, poderemos experimentar o quanto é maravilhosa a nossa nova condição.

A iniciação inaugura um tempo de graça e constitui a oportunidade única para o cristão configurar-se, a cada dia, em Cristo. A participação litúrgica possibilita a progressiva conformação em Cristo até alcançar "a maturidade do ser humano perfeito, na medida do Cristo em sua plenitude" (cf. Cl 1,28), pois a santidade cristã consiste em conhecer Cristo e assimilá-lo na própria existência.

"Todos os membros devem assemelhar-se a ele, até que Cristo neles se forme (cf. Gl 4,19). Por isso, revivemos os mistérios de sua vida, assemelhando-nos a ele, morrendo com ele e ressuscitando, até chegarmos a reinar com ele (cf. Fl 3,21; 2Tm 2,11; Ef 2,6; Cl 2,12 etc.). Sendo ainda peregrinos na terra, seguimos suas pegadas na tribulação e na perseguição, associamo-nos a seus sofrimentos como o corpo à cabeça, participando da Paixão para participar também de sua glorificação (cf. Rm 8,17)."[7]

Observemos as situações concretas em que o amor de Cristo é vivido entre as pessoas ao nosso redor. Como exemplo, citamos o caso que com algumas variantes se repete em muitas de nossas casas. O jovem pai, tratorista com 28 anos, esperou suas férias anuais para descansar e passear. Dois dias depois que saiu de férias, seu filho com apenas quatro anos ficou repentinamente doente. E, durante duas semanas, foi aquele corre-corre do hospital para casa. No final, o menino ficou bom, mas lá se foram a metade das férias e todo o dinheiro reservado para o passeio, pois os remédios e a correria não ficaram de graça. Assim se sucedem os exemplos do sacrifício espiritual que o cristão é chamado a oferecer juntamente com o Senhor na Eucaristia.

---

[7]   *Lumen Gentium*, n. 7.

7 Finalidade da liturgia

A liturgia é a primeira fonte do espírito cristão e, como memorial do mistério de Cristo, faz-nos reviver sua pessoa e sua obra, e pela ação do Espírito introduz-nos no dinamismo de sua Páscoa. A finalidade da liturgia, segundo o Concílio Vaticano II, é a participação neste mistério de forma "plena, ativa, consciente, frutuosa, interna e externa". Essa participação decorre da mesma participação no sacerdócio de Cristo estendido, isto é, comum, a todos os batizados. Por isso, a liturgia é ação do povo batizado também considerado todo ele *sacerdotal.*

Quando somos convidados a exercer algum ministério na celebração, nos prontificamos para que tudo transcorra bem. Esta participação de caráter *exterior* deverá ser precedida por aquele verdadeiro culto que se dá no *interior* de nosso coração, onde nascem as boas obras, as quais apresentamos no altar do Senhor.

A participação litúrgica decorre da união da fé com a nossa vida. Implica uma postura fundamental: ter presente o que acontece em nossa vida, nossas atitudes e nossos desejos para serem iluminados pela morte e ressurreição de Jesus. Por isso, normalmente antes de começar uma celebração fazemos memória dos acontecimentos que envolvem a comunidade e das necessidades daqueles que vão celebrar.

Também acolhemos a Palavra do Senhor, que questiona nossa maneira de ser e nos põe mais atentos ao que o Senhor deseja de nós. A nossa oração não pode ser tão diferente do nosso modo de viver. Por isso, a melhor participação litúrgica é aquela que produz frutos de conversão! É impossível permanecermos indiferentes aos apelos do Senhor! À Palavra proclamada, a comunidade responde com fé; é a acolhida dócil para a comunidade se converter no povo da Nova Aliança. "Sede por isso executores da Palavra, e não apenas ouvintes" (Tg 1,22).

Entrando na igreja, levamos conosco tudo o que se vive de alegrias e angústias do mundo, para vivê-las com maior intensidade naquela relação particular com Deus e com os outros que é a celebração eucarística. Saindo da igreja, trazemos à cotidianidade do mundo todos os compromissos assumidos e reassumidos ao ritmo de nossas Eucaristias [...]. Uma Eucaristia sem a vontade de assumir compromissos éticos – sobretudo com o próximo – é, para quem dela participa, uma Eucaristia nula. Sem compromissos operosos, o culto se torna um passatempo cômodo, um culto vazio, uma aparência de culto.[1]

1. Movimentos

"*A liturgia é o cume para o qual tende a ação da Igreja e, ao mesmo tempo, é a fonte donde emana toda a sua força* [...]. Da liturgia, portanto, mas da Eucaristia principalmente, como de uma fonte, se deriva a graça para nós e com a maior eficácia é obtida aquela *santificação dos homens em Cristo e a glorificação de Deus*, para a qual, como a seu fim, tendem todas as demais obras da Igreja."[2]

---

[1] GIRAUDO, Cesare. *Redescobrindo a Eucaristia.* São Paulo: Loyola, 2003. p. 57.
[2] *Sacrosanctum Concilium*, n. 10.

Ascendente

Quando nos reunimos em assembleia em união com a Trindade, oferecemos a Deus todo o nosso ser. Alcançamos o ponto mais alto de nossa vida: o culto de louvor e ação de graças que é muito mais que comprar, vender, pagar contas, ir ao teatro, comer ou beber... Entrando na igreja, levamos conosco as alegrias e angústias do mundo, para vivê--las com maior intensidade naquela relação particular com Deus e com os outros que é a celebração eucarística.

É a ação do ser humano em direção a Deus, é a nossa iniciativa de prestar-lhe um culto de louvor com a nossa vida. Ali, glorificamos a Deus com tudo aquilo que permitiu realizar nossas mãos, inteligência e vontade. *A glorificação de Deus é a dimensão ascendente do culto que vai da comunidade ofertante ao coração do Pai.* Por isso dizemos que a liturgia é o *cume* de nossa vida.

O ápice da participação litúrgica acontece durante a comunhão do fiel no Corpo e no Sangue do Senhor, a qual constitui a finalidade da celebração: "Quem se alimenta com a minha carne e bebe o meu sangue permanece em mim, e eu nele" (Jo 6,56).

Diz a Oração Eucarística III: "Olhai com bondade a oferenda da vossa Igreja, reconhecei o sacrifício que nos reconcilia convosco e concedei que, alimentando-nos com o Corpo e o Sangue do vosso Filho, sejamos repletos do Espírito Santo e nos tornemos em Cristo um só corpo e um só espírito".

O sacrifício da Igreja é o sacrifício do Cristo todo, cabeça e membros apresentado ao Pai. O mesmo Espírito que transforma as oferendas do pão e do vinho no Corpo e Sangue do Senhor é aquele que transforma os ofertantes e o culto que oferecem em suas vidas no Corpo místico do Senhor. Esta realidade torna-se sacramental quando os fiéis comungam o sacramento do sacrifício de Cristo. Por isso a assembleia responderá: "Fazei de nós um só corpo e um só espírito!"

Dessa maneira, exercemos o sacerdócio comum dos fiéis recebido no Batismo. Compreendemos definitivamente que a participação consciente, ativa e frutuosa na liturgia consiste em oferecer a nossa vida unida ao sacrifício da entrega de Cristo na cruz.

Daí compreendemos que a liturgia não é coisa que diga respeito exclusivamente ao sacerdote. Ela nos pertence em razão de nossa configuração em Cristo, e do cumprimento do nosso Batismo na Eucaristia que celebramos. A graça da filiação divina recebida no Batismo comporta nosso compromisso de praticar a justiça e a caridade durante toda a nossa vida. Este é o nosso sacrifício unido ao de Cristo na celebração eucarística. Por isso, "o povo cristão, em razão do Batismo, tem direito e obrigação de participar das celebrações litúrgicas (e na missa, os fiéis não se comportem) como estranhos ou espectadores mudos, mas aprendam a oferecer-se a si próprios, unidos a Cristo como mediador, e se aperfeiçoem na união com Deus e entre si".[3]

Descendente

A liturgia é fonte de graça. A participação litúrgica não pode ser aceita como algo comum porque ultrapassa as categorias de um simples tomar parte em algo, pois na celebração recebemos o Espírito Santo como princípio constitutivo de nossa participação.

Esta é a dimensão descendente, provém de Deus que santifica o ser humano. Ao sair da igreja, a graça do Espírito continua conosco, nos acompanha e se encarna nas ações diárias de nossa vida. Assim, não mais oferecemos a Deus o sangue de bodes e carneiros, mas sim o culto que se dá com nossos atos no altar de nosso coração, este é o culto em espírito e verdade, como queria Jesus (cf. Jo 4,23).

Ao celebrar, recebemos o essencial para a nossa vida: a salvação em Cristo que nos alcança no momento atual pela força do Espírito Santo. Aproximamo-nos do manancial que gera toda força e energia, isto é, do Espírito do Ressuscitado que nos foi dado. Ali, tocamos a borda do manto do Senhor e recebemos o seu olhar.

Jesus subiu ao Monte Tabor e transfigurou-se diante dos olhos atônitos de Pedro, Tiago e João.[4] "Seu rosto brilhou como o sol e suas roupas

---

[3] *Sacrosanctum Concilium*, nn. 14 e 48.

[4] A Transfiguração de Jesus está atestada nos evangelhos de Marcos 9,2-9, Mateus 17,1-9 e Lucas 9,28-36. "No Tabor prenunciaram-se os mistérios da crucifixão, revelou-se a beleza do Reino e manifestou-se a segunda descida e vinda gloriosa de Cristo. Foi prefigurada a imagem do que viremos a ser e nossa conformação ao Cristo" (Anastásio Sinaíta).

ficaram brancas como a luz" (Mt 17,2). A Transfiguração revela a condição divina de Jesus de Nazaré, o filho de Maria. Assim como esses apóstolos enxergaram em Jesus a nova condição humana glorificada, a liturgia proporciona a experiência sacramental com o Senhor Ressuscitado.

Hoje, na celebração litúrgica, o Espírito de Deus resplandece naquele que estabelece essa nova relação com o Senhor. A beleza de viver no Espírito faz os discípulos se parecerem com o Senhor. A liturgia continua no tempo a ação salvadora de Cristo para que as pessoas se assemelhem cada vez mais a ele, recebam o seu Espírito e façam brilhar a sua glória com uma vida digna.

Uma autêntica experiência litúrgica conduz o batizado à fonte da verdade, Cristo Jesus, para sentir-se filho adotivo em comunhão com a Trindade. Constitui o lugar, por excelência, do encontro com Cristo e da recepção da graça do Espírito Santo. Na celebração litúrgica o mistério de Cristo é assimilado na ação de graças e na adoração, e à medida que esse mistério nos é comunicado a liturgia fundamenta e dá conteúdo à nossa existência de cristãos.

A liturgia celebrada continua no altar de nosso coração, de onde nascem as boas obras. É a liturgia da vida. A graça da celebração produz frutos de verdadeira conversão, assim como aquele da pobre viúva que ofereceu no templo o que iria lhe fazer falta (Lc 21,1-4); ou o belo exemplo de cuidado com o próximo que nos ensina a parábola do bom samaritano (Lc 10,25-37). Entretanto, permaneça longe de nós o ataque injurioso do Senhor contra aqueles que separam o culto de sua expressão na vida: "O profeta Isaías bem profetizou [...]: Este povo me honra com os lábios, mas o seu coração está longe de mim. É inútil o culto que me prestam, as doutrinas que ensinam não passam de preceitos humanos" (Mc 7,6). Sem o real compromisso evangélico com o próximo, o culto se torna vazio e aparente.

Ação conjunta

A liturgia é encontro de comunhão entre Deus e a humanidade e das pessoas entre si, num diálogo que, além da palavra, se realiza através de sinais e das atitudes corporais que comportam gestos, posturas e ações. A participação ativa nos atos litúrgicos requer e envolve ações, gestos e a postura do corpo humano.

A celebração litúrgica produz a perfeita *sinergia* do ser humano com a Santíssima Trindade. Torna-se um único trabalho divino-humano em que Deus assume as lidas daqueles que celebram numa perfeita comunhão de amor.

A participação ativa na vida litúrgico-sacramental gera o estilo próprio de ser cristão no mundo, ressalta o caminho do discipulado, da transformação contínua do cristão nos mistérios de Cristo e o assumir a cruz cotidiana na perspectiva otimista da ressurreição. Evidencia a atitude com que o cristão constrói, na fé, toda a sua vida, humana e espiritual.

2. Preparação da celebração litúrgica

Prestamos um grande serviço à comunidade, quando nos predispomos a bem preparar uma celebração. Estaremos ajudando a assembleia a rezar melhor e a manter-se focada no mistério de Cristo que nos é oferecido naquele momento. Nada deverá nos desviar desta centralidade e tudo somente tem sentido porque Ele está presente, nos dirige seu olhar e nos acolhe para dar o que precisamos.

Ao preparar a celebração, o grupo tomará consciência das partes da missa, do seu significado e da vida da comunidade que a envolve. O responsável indicará as leituras da celebração e ajudará o grupo encarregado pela animação a ter presentes os principais acontecimentos. O grupo constata que não basta a mera distribuição de tarefas ou a simples escolha de cantos, como muitas vezes ocorre. Seguirá os quatro passos indicados pela CNBB:

1º passo: situar a celebração no tempo litúrgico e na vida da comunidade. Ao iniciar um novo tempo litúrgico, será útil que a equipe de liturgia aprofunde suas características próprias, que darão um estilo à celebração. Não se celebra do mesmo jeito na Quaresma ou no Tempo Pascal.

Conhecer os acontecimentos da vida da comunidade, tanto os presentes quanto os que passaram: sociais; religiosos; da região, nacionais, internacionais... Para enraizar a celebração no chão da vida. Ver outros acontecimentos de caráter mais existencial que situam a celebração: por exemplo, uma data especial, dia da Bíblia, mês de maio, dia das mães, aniversários, marcarão a oração dos fiéis, o rito penitencial, a homilia.

2º passo: aprofundar as leituras. Ler com antecedência os textos bíblicos, procurando confrontá-los com os fatos enumerados. Convém iniciar pelo Evangelho, que é a leitura principal do mistério de Cristo celebrado; e, a seguir, a primeira leitura, o Salmo responsorial e a segunda leitura.

Opera-se, então, o confronto entre a Palavra de Deus e a vida ajudado pelas perguntas: O que os textos estão nos dizendo? Que significam para nossa vida? Como podem orientar nossa caminhada? Como a Palavra de Deus ilumina nossa realidade? Como ligamos a Palavra com o mistério celebrado?

3º passo: exercício de criatividade. À luz dos passos anteriores — vida da comunidade, tempo litúrgico, Palavra de Deus —, procura-se, num exercício de criatividade, fazer surgir ideias, mesmo sem ordem, à maneira de uma tempestade mental. Selecionar depois as ideias a respeito de ritos, símbolos, cantos, para os ritos de entrada, o ato penitencial, o gesto da paz, a proclamação das leituras etc.

4º passo: passando em revista as diversas partes da Missa, escolhem-se os cantos, os ritos etc., para cada momento, registrando tudo numa folha-roteiro, que servirá de guia para os diversos ministros.

Há de favorecer ao máximo a compreensão, a participação e a expressão dos fiéis. É importante que se crie um ambiente de interação entre os membros da assembleia, que se provoque o confronto entre a Palavra anunciada e as situações que vive a comunidade.

Liturgia celebrada

8 Assembleia

É impossível ser feliz sozinho, sentimos a necessidade de comemorar juntos nossas alegrias e conquistas. A reunião de um grupo supõe interesses e identidade comuns que unem as pessoas em torno dos mesmos objetivos. Juntos, somos mais fortes.

A reunião, por si só, suscita solidariedade, provoca convergência de ideias e vontades, consolo e conforto. Mesmo diante do luto, da catástrofe ou da violência, a celebração se abre ao futuro, gera esperança e resistência, e suscita disposição para tomar um novo rumo na vida.

O povo se reúne para orar. O fato de nos reunirmos para celebrar faz com que nos reconheçamos como *povo de Deus* que vive sua fé. Antes de nós, Israel já teve consciência de formar o povo da aliança com Javé e se reunia em assembleia para deliberar os passos mais importantes de sua caminhada.

1. O Povo de Deus no AT

Israel se compreendia como um povo particular que não se colocava no mesmo plano das demais nações. Três características se combinaram para definir sua identidade.

- *Vocação:* Israel se sente escolhido por Deus e favorecido com um trato especial de amizade superior ao dos demais povos. A vocação de Israel se ampara na vocação dos antepassados do povo (Abraão, Isaac, Jacó), chega a seu ápice no acontecimento do êxodo e continua na chamada dos diferentes estados do povo (reis, profetas e sacerdotes).

- *Santidade:* o povo deve guardar uma pureza ritual e moral absolutas.

- *Aliança:* Deus estabelece com o povo eleito um pacto de mútua fidelidade. Deus se compromete a salvar Israel das adversidades, e este se compromete a guardar-se da idolatria e a manter um trato de solidariedade entre seus membros, sobretudo com os desfavorecidos.[1]

"Depois da saída do Egito, chegaram ao deserto do Sinai. Moisés subiu a montanha ao encontro de Deus. O Senhor disse: Se ouvirdes minha voz e guardardes minha aliança, sereis para mim a porção escolhida entre todos os povos. Sereis para mim um reino de sacerdotes e uma nação santa. Moisés voltou e convocou os anciãos do povo, para lhes expor tudo o que o Senhor lhe havia ordenado. O povo inteiro respondeu a uma só voz: Faremos tudo quanto o Senhor falou" (cf. Ex 19,1-8).

A reunião do povo aos pés da montanha é o modelo de assembleia no Antigo Testamento. O povo é convocado, o Senhor fala e estabelece um pacto. O povo é elevado ao estado sacerdotal, pois tem estreita ligação com o Senhor e pode falar-lhe diretamente. O povo, por sua vez, escuta a promessa e adere a uma só voz. Israel se considera o povo da aliança que passa a celebrá-la no culto. No templo, o povo se reconhece como *assembleia litúrgica*.

O povo de Deus no NT

Jesus escolhe os Doze apóstolos como grupo estável para que conviva com ele e colabore em seu ministério público. Além dos Doze, outros homens e mulheres aderem à pessoa de Jesus. Logo estes grupos de discípulos começam a se denominar como "Igreja". Paulo usa o termo referindo às comunidades de cristãos: "Paulo, Silvano e Timóteo, à Igreja dos tessalonicenses reunida em Deus Pai e no Senhor Jesus Cristo" (1Ts 1,1).

Qual a compreensão que a Igreja primitiva tinha de si mesma? "Vós sois a gente escolhida, o sacerdócio régio, a nação santa, o povo que ele adquiriu, a fim de que proclameis os grandes feitos daquele que vos chamou das trevas para a sua luz maravilhosa. Vós sois aqueles que antes não eram povo, agora são povo de Deus" (1Pd 2,9-10).

---

[1] Cf. LATORRE, Jordi. *Modelos bíblicos de oração*; herança do Antigo Testamento na Liturgia. São Paulo: Paulinas, 2011. pp. 61-62.

"Pedro aplica à comunidade cristã as mesmas palavras que o Antigo Testamento (cf. Ex 19,6) aplica ao povo de Israel reunido em assembleia litúrgica ao pé do Sinai para oferecer o sacrifício e derramar o sangue da aliança. Além disso, Pedro insiste que os cristãos são nação, são povo, e, acima de tudo, são "povo de Deus", como Israel. *A comunidade cristã, portanto, é a continuação da assembleia litúrgica de Israel e de sua aliança com Deus".* [2]

As características de Israel do Antigo Testamento alcançarão sua plenitude no povo da aliança nova e eterna. Formamos uma assembleia dos *chamados* por Deus à salvação, *convocados* pela Palavra de Deus que se atualiza na pregação do Evangelho; uma vez que fomos *santificados*, mediante o sangue de Cristo.

Uma diferença que se contrapõe agora ao antigo povo de Deus: a universalidade da Igreja ("assembleia") de Cristo não se identifica com nenhuma raça particular, nem está ligada a uma terra concreta, nem possui uma língua própria. Todo cristão é ao mesmo tempo rei, profeta e sacerdote na nova linha de Cristo.

"Foste imolado, e com teu sangue adquiriste para Deus gente de toda tribo, língua, povo e nação. Deles fizeste para o nosso Deus um reino de sacerdotes" (Ap 5,9). No livro do *Apocalipse*, este é o canto que os vinte quatro anciãos entoam diante do Cordeiro e do trono de Deus. No mesmo livro, a comunidade de cristãos, que venceram as forças do mundo, é apresentada numa grande celebração litúrgica: as vestes brancas, ou diademas, as palmas nas mãos, as harpas, os cânticos sálmicos, o incenso... são elementos que nos levam a pensar que o autor do *Apocalipse* entendia fundamentalmente a Igreja universal, novo povo de Deus, como *comunidade litúrgica* reunida para o louvor do Deus salvador.

A assembleia litúrgica

A assembleia cristã tem um fator diferencial que não a confunde com nenhum outro tipo de reunião. A Páscoa de Cristo organiza e dá sentido à celebração e àqueles que nela tomam parte. *Somos pessoas de fé, guiados pela Palavra do Senhor, que sabemos ler nos acontecimentos a passagem do Senhor e, por isso, reagimos diante das necessidades dos outros.*

---

[2] LATORRE, *Modelos bíblicos de oração*, cit., p. 64.

Assim como os dois braços da cruz: ao nos reunirmos em assembleia orante, se entrelaçam expectativas humanas e plano de Deus, se confrontam sofrimento e desencanto com a alegria da presença do Ressuscitado. Por isso, lançamos um olhar atento naqueles que compõem a reunião. Fixamos aqueles que vêm marcados pela pobreza, os que vivem na rua das grandes cidades, as famílias assustadas pela violência urbana, pela instabilidade do sistema econômico... Somos sensíveis à presença das crianças, dos idosos, dos enfermos e daqueles que sofrem com a partida de seus entes queridos.

Congregamos na celebração as pessoas em sua dura realidade desafiadora. Nada permanece indiferente ao mistério celebrado. Tudo e todos devemos ser transformados pela graça da celebração. É o mesmo Senhor que se manifesta igualmente naquelas comunidades mais pobres e afastadas.

A assembleia litúrgica é o ponto de encontro da comunidade cristã. Ao formar a assembleia, superamos os individualismos. Ali desaparecem os privilégios, pois todos somos igualmente queridos pelo Senhor. *Se somos membros ativos do corpo de Cristo, nos reunimos em assembleia para formar esse Corpo, exercer nossa relação filial com o Pai e sermos santificados pelo Espírito.* Ali, professamos a fé como Povo de Deus bebendo diretamente da fonte da graça divina.

A comunidade cristã é o verdadeiro templo da Nova Aliança. A Igreja tem a sua originária e mais clara manifestação quando se encontra reunida para a celebração litúrgica. A assembleia litúrgica manifesta, de forma mais plena, a Igreja – Corpo de Cristo (1Cor 12,2), que acolhe o seu Senhor e faz memória de sua presença. As celebrações pertencem a todo o corpo. É o lugar próprio e principal onde a comunidade dos que creem em Jesus Cristo se revela e se manifesta como Igreja, sacramento de unidade e meio eficaz da incorporação das pessoas a Cristo e à vida divina.[3]

"A principal manifestação da Igreja se realiza na plena e ativa participação de todo o povo santo de Deus nas celebrações litúrgicas, sobretudo na mesma Eucaristia, presidida pelo bispo, cercado de seu presbitério."[4]

---

[3] Cf. *Sacrosanctum Concilium*, n. 26.

[4] Ibid., n. 41.

9

Ministérios na assembleia

Lembro-me de uma festa na casa de uma família na qual a avó, senhora idosa e um tanto séria, permanecia sentada em sua cadeira contemplando todo o movimento. Netos e parentes gostavam de arrodeá-la e fazer-lhe carinho. Ela, quase impassivelmente, distribuía afeto e segurança a quantos se achegavam, ao mesmo tempo, com sua autoridade, presidia o desenrolar das relações e da alegria. *Os ministérios*, ou seja, as várias funções e serviços numa celebração litúrgica, expressam *o mistério* de salvação difundido na assembleia por meio dos seus ministros. Tudo deve convergir para que a máxima autoridade seja sentida: Cristo Ressuscitado que preside a comunidade, como a Cabeça ao seu Corpo.

Na assembleia, reina a igualdade entre todos e, "cada qual, ministro ou fiel, ao desempenhar a sua função, faça tudo e só aquilo que pela natureza da coisa ou pelas normas litúrgicas lhe compete".[1] Esta orientação quer evitar o acúmulo de funções por uma única pessoa e visibilizar as várias funções dos membros do Corpo de Cristo.

O princípio que rege a diferenciação de funções na celebração é o do serviço. "Se eu, o Senhor e Mestre, vos lavei os pés, também vós deveis lavar os pés uns aos outros. Dei-vos o exemplo, para que façais assim como eu fiz para vós" (Jo 13,14-15). As próprias palavras "ministério" e "ministro" querem dizer "serviço" e "servidor". Em toda celebração exaltamos o grande serviço que Cristo prestou à humanidade salvando-a das garras do mal e da morte. Do princípio fundamental *não somos senhores*, decorre a atitude básica da humildade, de não querer "aparecer" e menos ainda se autoafirmar ao atuarmos publicamente na celebração.

Daí podemos nos perguntar quem melhor celebra na comunidade? Necessariamente não precisa ser aquele que canta mais bonito, ou o que prega melhor ou aqueles que exercem ministérios. Mas, sim, quem oferece mais, isto é, quem se doa mais e se coloca com maior generosidade no seguimento de Cristo a serviço da comunidade, preocupado unicamente com

---

[1] *Sacrosanctum Concilium*, n. 28.

65

o bem comum. Dispomos de tão belos exemplos de pessoas dedicadas em nossas comunidades, cuja única preocupação é ajudar, fazer o bem, cuidar dos mais fracos... essas são realmente bem-aventuradas.

"Na Igreja, que é o Corpo de Cristo, nem todos os membros desempenham a mesma função. Esta diversidade de funções na celebração da Eucaristia manifesta-se exteriormente pela diversidade das vestes sagradas, que, por isso, devem ser um sinal da função de cada ministro."[2] Aqueles que vão atuar mostram pelo vestuário a atitude interior de que estão revestidos e indicam que o serviço litúrgico se diferencia essencialmente da vida cotidiana e civil. Por isso, prescreve-se que todos usem vestimentas litúrgicas para proclamar a Palavra, servir o altar... A assembleia litúrgica se diversifica nos vários ministérios que a compõe.

1. Sacerdócio ministerial

A vida da comunidade torna-se um lugar essencial para descobrirmos e aprofundarmos a Palavra. Ali o Senhor ressuscitado se revela, e o fato de estarmos juntos bebendo da mesma fonte proporciona aquela alegria que não se compra com o dinheiro deste mundo. Esta experiência comunitária da fé viva no Senhor recobra seu sentido pleno quando se tem por cabeça – por liderança – aquele que serve disponibilizando seu tempo, jovialidade, estudo e paciência: o presbítero-pároco ou vigário.

Vimos que Cristo é sacerdote porque ofereceu a sua vida em sacrifício pela salvação da humanidade. Todos nós participamos deste único sacerdócio. A diferença do sacerdócio dos ministros ordenados – bispos, presbíteros e diáconos – e aquele comum a todos os batizados se origina na diferente maneira de participarem do único sacerdócio de Cristo. Trata-se do único poder sacerdotal de Jesus Cristo, assim um se ordena ao outro e ambos se diferenciam na essência.

O sacerdócio ministerial associa os ordenados à função própria da cabeça, em relação aos demais membros do corpo. "Cristo exerce seu sacerdócio de duas maneiras: como cabeça do corpo, princípio santi-

---

[2] *Instrução Geral do Missal Romano*, 3. ed., n. 335.

ficador e orientador do mesmo, e como corpo que associou todos os membros à sua ação cultual para louvar o Pai."[3]

Cristo está presente no ministro ordenado que preside a Eucaristia, que faz as vezes de Cristo e o visibiliza como cabeça da mesma comunidade. O presidente tem o ministério de fazer ver a Cristo Jesus, que é o autêntico presidente, mestre e sacerdote da comunidade. Atua na pessoa de Cristo, pois, na Igreja, Cristo batiza, lê as Escrituras e concede a graça do sacramento.

"O presbítero, por força do sacramento da ordem, é o sinal pessoal do Senhor, 'que está no meio dos seus como quem serve' (Lc 22,27), e é também o sinal da unidade dos fiéis em torno do Cristo, cabeça da Igreja. Essa função do sacerdote fica evidente ao longo de toda a celebração litúrgica, especialmente quando, por meio das saudações, torna patente a presença do Senhor no meio da assembleia, e quando, na proclamação do Evangelho e na ação eucarística, age *in persona Christi* ('na pessoa de Cristo')."[4]

"A palavra 'presidir' ('sentar-se diante de') sempre foi usada na Igreja para indicar aquele que dirige a celebração, conduzindo-a em nome de Cristo sacerdote [...]. O presidente manifesta a comunhão viva daquela concreta assembleia eucarística que se reúne num determinado lugar, com todas as demais assembleias eucarísticas espalhadas pelo mundo. Ocupa o lugar da presidência, diante de todos, devendo promover aí a participação viva dos fiéis."[5] *Sua principal função é levar a celebração a se exprimir como ela realmente é: ação comunitária de Cristo-Igreja.*

Devemos sempre rezar pelos nossos padres, colaborar maximamente com a missão que desenvolvem na comunidade. São pessoas comuns que saíram de nossas famílias e vivem o processo de conversão como todo fiel. Isso nos ajuda a ver que o mistério que celebram lhes ultrapassa, é dom do alto, e a Igreja sempre ensinou que a graça do sacramento não depende da santidade do ministro. Por isso nossa fé não depende do ministro. A consciência objetiva da fé me leva a crer com independência das atitudes daquele ministro, do tipo de relações que estabeleci com ele...

---

[3]   LÓPEZ MARTIN, Julián. *No Espírito e na verdade*; introdução teológica à liturgia. Petrópolis: Vozes, 1996. v. 1, p. 71.

[4]   Ibid., p. 72.

[5]   MELO, José Raimundo. *A Missa e suas partes*; para celebrar e viver a Eucaristia. São Paulo: Paulinas, 2011. pp. 131-132.

2. Ministério da acolhida

"Elemento nem sempre bem explorado em nossas liturgias, mas que tem demonstrado grande eficácia naquelas comunidades que dele fazem uso, é o gesto simples, mas significativo, de alguns membros da equipe de celebração, de acolherem os fiéis que vêm à Missa, já na porta da igreja, dando-lhes as boas-vindas no limiar da casa da comunidade."[6]

Não pode faltar o clima de acolhida – em tudo ser solícito e atento, o que é diferente de ser espalhafatoso, barulhento e conversador. Quando acolhe alguém, o agente de pastoral o faz não em seu nome pessoal, mas em nome de Cristo e da Igreja, pois é Cristo que acolhe e se une aos fiéis para, com eles, elevar ao Pai o seu supremo culto ofertorial... Por isso, serve-os com a gentileza e humildade.

Atualmente, o sentir geral da sociedade convida nossas comunidades a darem mais atenção àquelas pessoas que participam de vez em quando. Imaginem quantas passam por nós na comunidade e não nos damos conta. Entram e saem sem ser percebidas. E, às vezes, quando nos procuram, somos mais burocratas do que irmãos preocupados em ajudar.

"Acolher significa oferecer refúgio, proteção ou conforto. É mostrar, com gestos e palavras, que a comunidade paroquial é o espaço onde se pode encontrar essa segurança."[7]

Ao receber bem, estamos dizendo àquela pessoa: você é muito importante no nosso meio, sua presença vem enriquecer o nosso grupo. Acolher é valorizar a pessoa diante de Deus e da Igreja, independentemente de quem seja, e, com isso, ela, ao sentir-se valorizada, se empenhará em ajudar. Recordemos como Jesus tratou a mulher pecadora e a transformação que aconteceu em sua vida.

"A pessoa, quando chega à comunidade e é bem acolhida, tem vontade de permanecer e, se a acolhida foi verdadeira, ela permanece de fato [...]. Paróquia que acolhe bem terá sempre bons agentes de Pastoral e, com isso, cresce sempre mais."[8]

---

[6] Ibid., p. 17.

[7] PEREIRA, José Carlos. *Pastoral da acolhida*; guia de implantação, formação e atuação dos agentes. São Paulo: Paulinas, 2009. pp. 14-15.

[8] Ibid., p. 17.

Simplesmente acolher

Numa grande paróquia urbana, uma pessoa influente manifestou ao pároco a disposição de prestar um serviço à comunidade. Sem hesitar, o pároco lhe confiou a missão de organizar o serviço de acolhida ao povo na porta da igreja, antes das celebrações. Imaginando receber uma proposta mais relevante, exclamou: "Simplesmente acolher?" – "Sim!" – respondeu o pároco. "Com uma boa acolhida, nossa paróquia vai mudar de rosto e isso fará um grande bem a todos, começando por você!"

Aceitando a missão, após alguns meses de boa acolhida, a participação redobrou e o clima celebrativo mudou por contágio. De um "simplesmente acolher", passou-se a uma inesperada mudança total. A maior surpresa dos que acolhiam as pessoas na porta da igreja foi se sentirem sempre mais acolhidas e estimadas pela comunidade (Fr. Luiz Turra).

3. Leitores

Quem exerce esse ministério na Missa, que o faça com a maior qualidade. Usará a veste litúrgica própria e conferirá a leitura no lecionário antes, para evitar hesitação. A segurança dos gestos evitará a pressa na leitura.

"É necessário que os leitores [...] sejam realmente aptos e estejam cuidadosamente preparados. Essa preparação deve (conter):

- *A instrução bíblica*, no sentido de que os leitores possam compreender as leituras em seu contexto próprio e entender à luz da fé o núcleo central da mensagem revelada.

- *A instrução litúrgica* (para) facilitar aos leitores certa percepção do sentido e da estrutura da liturgia da Palavra e a relação entre a liturgia da Palavra e a liturgia eucarística.

- *A preparação técnica* para que os leitores se tornem sempre mais aptos na arte de ler diante do povo."[9]

Um leitor certamente exercerá melhor seu ministério se estiver consciente da importância de que ele é o próprio Deus quem dirige sua palavra a uma comunidade de crentes. Sua missão exige familiaridade com o

---

[9] *Elenco das leituras da missa*, n. 55.

texto e interiorização da mensagem. Deverá ler o texto com antecedência, entender seu conteúdo e não "ler como papagaio". *Será o primeiro ouvinte do que proclama, a partir de sua atitude interior.*

Deve exercer seu serviço com dicção, ritmo, expressividade e postura exterior. Deverá posicionar o microfone na altura certa, modular a voz corretamente, colocar-se próximo ao ambão ou então no lugar indicado. Ao ler, usar a entoação de voz própria ao tipo de leitura, ao gênero literário (narrativa, texto sapiencial, ensinamento, parábola…). Anunciar o título e manter breve pausa; ler devagar colocando-se no lugar dos ouvintes; pronunciar claramente os fonemas; saber dar uma pausa para ressaltar palavras ou frases importantes. Enfim, dar vida à Palavra como Palavra de Deus.

Para o serviço de leitores ocasionais, jamais deveriam ser convidadas pessoas momentos antes do início da missa ou quando esta já começou, justamente porque qualquer leitor necessita de uma longa e intensa preparação. O melhor mesmo seria formular o convite uma semana antes, fornecendo-lhe com antecedência o material necessário, a fim de que se prepare em casa. Só depois disso seria admitido à proclamação da Palavra na liturgia.

4. Ministros do altar

Ser acólito não é algo tão simples e corriqueiro, pois colocar-se ao redor do altar implica uma profunda atitude de fé no sacramento que se celebra. E se assumimos uma atitude pública diante da comunidade, certamente nosso modo de viver será mais notado.

Não se trata apenas de saber bem o ofício de ajudar a missa, mas, em primeiro lugar, de uma adesão incondicional ao Senhor e uma atitude interior de comunhão com sua entrega na cruz em favor da humanidade. O acolitato é um serviço discreto, silencioso, atento às necessidades daquele que preside e ao bom andamento da celebração. Algumas regras de ouro ajudam nesta hora: conversar quase nada, e comunicar-se possivelmente com gestos curtos; movimentar-se minimamente e saber o que vai fazer ao longo de toda a celebração, particularmente durante o rito da apresentação dos dons e da comunhão.

Na catequese, este ministério pode ser muito desenvolvido com adolescentes, desde que bem preparados por catequistas com conhecimento.

5. Ministério da música

Inicialmente vamos fazer uma distinção básica entre o canto religioso e o litúrgico. O primeiro é avaliado de acordo com o gosto pessoal, não obedece a nenhum critério, a não ser o pessoal. Já o canto litúrgico é bem diferente. Obedece a critérios bem próprios: quanto mais a letra se aproximar da Escritura, melhor; deve ter o sentido do rito do qual é parte integrante, por isto um canto de ofertas é totalmente diferente do de entrada ou comunhão; segue a espiritualidade própria do tempo litúrgico.

Os cantos expressam os sentimentos da comunidade, do povo de Deus reunido em oração e não o "eu" que se dirige individualmente a Deus; a melodia deverá favorecer a meditação, a alegria comedida, enfim, a união com Deus. Já a mentalidade de hoje se orienta em outra direção. O que importa é o sentir individual; há a necessidade de uma carga emotiva acentuada que dê vazão aos sentimentos, chega-se a instalar bateria e a cantar alto nos microfones substituindo o canto da assembleia.

Os cantos do *Hinário Litúrgico* da CNBB preparado para todo o tempo litúrgico é a indicação mais segura para a adequada escolha de cantos.

Lembrem-se os cantores e músicos de que fazem parte da assembleia, como pessoas de fé, que vieram em primeiro lugar para rezar e ajudar a comunidade a rezar melhor. Por isso, o lugar deles é junto com a assembleia, e não num lugar à parte. "Que *os cantores* cantem a liturgia e não na liturgia. Não se apresentem na missa, não façam show como animadores de auditórios ou cantores de bares, diminuam o volume dos instrumentos, não escolham cantos nem afinem instrumentos durante a missa. Leiam o Evangelho antes de fazer qualquer opção, do que cantar durante a missa."[10]

---

[10] Cf. RIGO, Enio José. *Ministérios na liturgia*. São Paulo: Paulinas, 2009. p. 37.

10 Rito inicial

Tomamos a decisão e priorizamos a celebração litúrgica na comunidade. Que desafio! Quantos afazeres e compromissos importantes foram deixados para trás. Sem contar a vontade de passear mais tempo. A comunidade, o templo, as rezas e os cantos têm algo que calam fundo dentro de nós. Não é por menos que desde pequenos, normalmente, já sentimos este chamado, esta verdadeira magia pelo desconhecido. *Como a Igreja entende o chamado pessoal que recebemos de nos reunir na presença do Senhor?*

Não chegamos à celebração por acaso ou por conta própria. Fomos convocados pelo Pai para conhecer sua vontade e apresentar--lhe um culto de louvor com a nossa vida. Não estamos juntos apenas por motivos pessoais: me sinto bem, o padre me agrada, gosto dos cantos…

Entrar na casa do Pai nos traz um conforto espiritual muito grande. A certeza do seu abraço, a força do Espírito e a presença de Jesus junto de nós são a garantia do carinho e do aconchego de que precisamos para seguir adiante.

Deus Trindade nos acolhe incondicionalmente. Quem preside e a própria comunidade acolhem não em nome pessoal ou por qualquer outro sentimento, mas unicamente em nome de Cristo e da Igreja. A acolhida feita por Jesus é um gesto de amor incondicional e só quem ama acolhe aqueles que são vítimas do desamor. Essa reciprocidade é transformadora, provocadora de situações que geram outros gestos de amor.

O "povo de Deus" é "congregado" para "celebrar"; e constitui a "assembleia local da santa Igreja", como primeiro sacramento da presença operante do Senhor enriquecida com a promessa: "Onde dois ou três estiverem reunidos em meu nome, ali estou eu no meio deles" (Mt 18,20).

1. Partes do rito inicial

Os batizados congregados numa só fé, num só Batismo, num só Espírito são a imagem da Igreja santa que louva o Pai, por Cristo e na força do Espírito Santo. Somos chamados a constituir a fraternidade, pois somos filhos do mesmo Pai e devemos sempre mais viver como irmãos. Este louvor santifica os membros para que unidos formem o Corpo de Cristo.

Os *ritos iniciais da missa* têm como objetivo "fazer com que os fiéis, reunindo-se em assembleia, constituam uma comunhão e se disponham a ouvir atentamente a Palavra de Deus e celebrar dignamente a Eucaristia".[1]

Não devem se estender muito. O *Diretório para missas com crianças* recomenda: "É perfeitamente permitido omitir um ou outro elemento do rito inicial, ou talvez desenvolver mais um deles. Porém, sempre haja pelo menos um elemento introdutório que seja concluído pela coleta. Na escolha, cuide-se que cada elemento apareça a seu tempo e nenhum seja sempre desprezado" (n. 40). Há que cuidar da proporção do tempo distribuído para toda a celebração e dedicar mais atenção à Palavra e à liturgia eucarística.

Muitas comunidades têm o costume de fazer *memória dos acontecimentos* de seu entorno e daqueles referentes às pessoas ali presentes. Rezamos com o coração em Deus e Deus em nós, sem deixar escapar nada de nossa vida. Tudo o que somos e temos estão ali presentes.

Entrada

"A celebração da missa deve iniciar sempre com a procissão de entrada. E que dessa procissão devem participar os principais ministros da ação eucarística: acólitos, leitores, diáconos, sacerdotes etc. Todos esses representam, naquele momento, a inteira comunidade que ali se reúne, a qual, guiada pela cruz do Salvador, caminha em direção ao centro da celebração, isto é, ao presbitério. Chegando ao presbitério e tendo venerado o altar, símbolo da presença do Senhor em meio à sua Igreja, cada

---

[1]   *Instrução Geral do Missal Romano*, 3. ed., n. 46.

um se dirige ao espaço que lhe compete, segundo o lugar que ocupa no povo de Deus".[2]

Na missa, além desta procissão, temos a procissão das ofertas e a da comunhão, o que nos recorda a caminhada do Povo de Deus em busca da terra prometida. Somos Igreja peregrina neste mundo a caminho da casa do Pai. Nosso destino é a Jerusalém Celeste. Caminhamos em nosso dia a dia com a convicção de que o Senhor nos precede, nos guarda e nos conduz como Bom Pastor. Entrar no templo material é símbolo da entrada no Reino de Deus, na eternidade, através da fé (cf. At 14,26) e do amor.

Saudação

A celebração inicia-se com o *sinal da cruz* e a saudação: "A graça de N. Senhor Jesus Cristo; o amor do Pai e a comunhão do Espírito Santo...", com o objetivo de colocar-nos em comunhão íntima com a Trindade num só movimento. A tradição chama este movimento de *sinergia*, isto é, ação conjunta do ser humano com a Trindade. Entramos em comunhão íntima de amor, e toda a liturgia é ação trinitária de salvação.

A celebração eucarística é o louvor e a ação de graças dirigidos ao *Pai* pela criação e por nos ter feitos à sua imagem e semelhança e, mesmo ao recusarmos seu plano de amor, nos enviou seu *Filho* que nos redimiu do pecado. Hoje, pela força do seu *Espírito* recebemos a graça santificadora na celebração deste sacrifício.

Ato penitencial

A atitude que melhor nos cabe, ao recebermos tão grande graça de tomarmos parte na comunhão trinitária, é a humildade de nos reconhecermos pecadores com o coração e as mãos impuras. Só nos resta pedir perdão e invocar a misericórdia de Deus. Por isso, rezamos convictamente: "Senhor, tende piedade de nós".

---

[2] MELO, José Raimundo. *A Missa e suas partes.* São Paulo: Paulinas, 2011.

Glória a Deus nas alturas

"O *glória* é um hino antiquíssimo e venerável, pelo qual a Igreja, congregada no Espírito Santo, glorifica e suplica a Deus e ao Cordeiro. O texto deste hino não pode ser substituído por outro."[3] Vamos evitar aqueles "glórias" simplificados, cujas letras diminuem a beleza deste hino e não têm nada a ver com o antigo e venerável *Hino de Louvor* da Igreja, cujas palavras devem ser sempre respeitadas por todos aqueles que fazem parte da mesma Igreja de Cristo.

"A palavra latina *gloria* (em grego, *doxa*) tem uma densa ressonância teológica para os cristãos: a glória de Deus, a sua luz, a sua grandeza, o seu amor, manifestou-se em Jesus Cristo, esplendor da glória do Pai. Cristo é glorificado pelo Pai e, por sua vez, ele glorifica o Pai (cf. Jo 17,1). Em ambas as direções, esta glorificação sucede sobretudo na sua morte e ressurreição [...]. O seu conteúdo é um bom resumo da História da Salvação: a glória a Deus e a paz aos homens. Os louvores ao Pai, Senhor e Rei do Universo; os louvores também a Cristo, Senhor, Cordeiro, Filho, o que tira o pecado do mundo, o único Santo; tudo isso concluído com a doxologia: 'Jesus Cristo, com o Espírito Santo, na glória de Deus Pai'".[4] O *Hinário litúrgico* da CNBB traz as letras e melodias aprovadas para este momento.

Oração do dia

O sacerdote conclui com a *oração de coleta*. Após o "oremos", permanecemos uns instantes em silêncio. Em nosso interior, colocamos a intenção da missa pelos nossos familiares, doentes e amigos...

---

[3]   *Instrução Geral do Missal Romano*, 3. ed., n. 53.

[4]   Glória. In: ALDAZÁBAL, José. *Vocabulário básico de liturgia*. São Paulo, Paulinas, 2012.

11 Celebrar a Palavra

Diante do Senhor, nos deparamos com o que somos. E a liturgia nos faz encontrar o Deus Javé, o libertador que escuta o clamor de seu povo e estende a sua mão para salvá-lo. A liturgia não nos engana, nem adormece nossa consciência, nos apresentando um Deus modelado de acordo com nossos interesses. O Deus libertador tem sua máxima atuação ao nos enviar seu Filho, como Messias que salva a humanidade, resgatando-a do poder do maligno e reconduzindo os filhos à liberdade.

Cristo garante a eficácia da Palavra proclamada, assim como nos recorda o profeta Isaías: "E como a chuva e a neve que caem do céu para lá não voltam sem antes molhar a terra e fazê-la germinar e brotar, a fim de produzir semente para quem planta e alimento para quem come, assim também acontece com minha palavra: Ela sai da minha boca e para mim não volta sem produzir seu resultado, sem fazer aquilo que planejei, sem cumprir com sucesso sua missão" (Is 55,10-11).

Jesus participava ativamente da oração comunitária de sua gente. Na sinagoga de Nazaré, ele tomou nas mãos o rolo e proclamou a profecia de Isaías: "O Espírito do Senhor está sobre mim, pois ele me ungiu, para anunciar a Boa-Nova aos pobres: enviou-me para proclamar a libertação aos presos". Depois enrolou o livro, deu-o ao servente e concluiu: "Hoje se cumpriu esta passagem da Escritura que acabastes de ouvir" (Lc 4,18.21).

Com a mesma eficácia, a Palavra de Deus realiza, hoje, aquilo que anuncia como conversão, graça e salvação no coração daqueles que se reúnem no nome do Senhor.

Para que a Palavra de Deus realmente produza nos corações aquilo que se escuta com os ouvidos, requer-se a ação do Espírito Santo, por cuja inspiração e ajuda a Palavra de Deus se converte no fundamento da ação litúrgica e em norma e ajuda de toda a vida.

Assim, pois, a atuação do Espírito Santo não só precede, acompanha e segue toda a ação litúrgica, mas também sugere ao coração de cada um tudo aquilo que, na proclamação da Palavra de Deus, foi dito para toda a comunidade dos fiéis; e, ao mesmo tempo em que consolida a unidade de todos, fomenta também a diversidade de carismas e a multiplicidade de atuações.[1]

A proclamação da Palavra faz o povo sentir-se, hoje, continuador da história da salvação e considerar Abraão, Isaac, Jacó e Moisés como seus antepassados na fé. O que estes anunciaram se realizou na pessoa de Jesus Cristo.

Jesus inaugura o Reino em sua pessoa, combate o mal, a vaidade deste mundo. Sua presença denuncia o poder das trevas do egoísmo, por isso produz gestos libertadores de perdão, cura, exorcismos, acolhida... Tais gestos o tempo não apaga porque pertencem à eternidade de Deus.

O Espírito Santo os atualiza em cada celebração litúrgica, pois "A Palavra de Deus é viva e eficaz" (Hb 4,12). O que possibilita, hoje, a liturgia proclamar palavras criadoras que realizam o que dizem: "Levanta-te [...] e anda" (Jo 5,8); "teus pecados te são perdoados" (Mc 2,9). Como para o filho da viúva da cidade de Naim: "Jovem, eu te digo, levanta-te" (Lc 7,14), o mesmo disse à filha de Jairo (Mc 5,41).

Tal como Jesus e em força desta Palavra criadora, tomamos as pessoas pela mão e lhes dizemos na celebração: "Eu quero, sê curado", "recebe o Espírito Santo", "o que Deus uniu, o homem não separe", "a paz esteja convosco"...

"O Evangelho está cheio de cegos, de surdos, de mudos. Eles sofrem terrivelmente a solidão. Não conseguem se comunicar. Jesus toca nesses irmãos marginalizados e diz: "Efatá", que quer dizer: 'Abre-te' (Mc 7,34). Ele continua também hoje a gritar o seu "Efatá" a tanta gente que não enxerga, não ouve, não fala. E muitas vezes não enxerga a beleza de Deus, não ouve a Palavra de Deus, não fala a língua de Deus".[2] Podemos encontrar tantas outras palavras de ordem de Jesus e, ainda hoje, concluir juntamente com os seus contemporâneos: "Um grande profeta surgiu entre nós, e Deus veio visitar o seu povo" (Lc 7,16).

---

[1]   *Elenco das leituras da missa*, n. 9.

[2]   MASI, Nic. *Cativados por Cristo*; catequese com adultos. São Paulo: Paulinas, 2010. p. 70.

Decididamente, *a liturgia é a Palavra de Deus em ação*. A Palavra alcança sua máxima expressão quando é proclamada na assembleia litúrgica. A liturgia só celebra a força da Palavra. O rito é a Palavra que se torna gesto eficaz de graça pela ação do Espírito Santo. Daí compreendemos o quanto a liturgia é transformadora, libertadora e eficaz em suas promessas.

1. Anunciar o Querigma

As mulheres da manhã da Ressurreição, os apóstolos e os primeiros cristãos anunciaram e testemunharam com valentia que o Crucificado ressuscitou. Esta foi a experiência do incrédulo Tomé e por isso foi advertido pelo Mestre: "Creste porque me viste? Bem-aventurados os que não viram, e creram!" (Jo 20,29).

Em frases curtas e testemunhais os apóstolos apresentam o Deus revelado por Jesus e a novidade de vida que os levava a serem enviados da verdade. O núcleo central do *primeiro anúncio* que Paulo dirigia aos não convertidos é o seguinte: "Eu vos transmiti, antes de tudo, o que eu mesmo tinha recebido, a saber: que Cristo morreu pelos nossos pecados, segundo as Escrituras, foi sepultado e ao terceiro dia foi ressuscitado, segundo as Escrituras; e apareceu a Cefas e depois aos Doze" (1Cor 15,3-5). É a revelação da pessoa do Senhor e do seu Reino que vem ao nosso encontro e nos toca, nos faz participantes da nova realidade de graça e salvação.

Este *primeiro anúncio* fundamental da fé cristã, feito por aquele que crê e sente a força irresistível do Espírito é também chamado de *Querigma*. "O poder do Espírito e da Palavra contagia as pessoas e as leva a escutar Jesus Cristo, a crer nele como seu Salvador, a reconhecê-lo como quem dá pleno significado a suas vidas e a seguir seus passos".[3]

"O centro do *primeiro anúncio* (Querigma) é a pessoa de Jesus, proclamando o Reino como uma nova e definitiva intervenção de Deus que salva com um poder superior àquele que utilizou na criação do mundo. Essa Salvação 'é o grande dom de Deus, libertação de tudo aquilo que oprime a pessoa humana, sobretudo do pecado e do Maligno, na alegria

---

[3] *Documento de Aparecida*, n. 279.

de conhecer a Deus e ser por ele conhecido, de o ver e se entregar a ele' (EN 9; DGC 101)".[4]

Anunciar o *Querigma* implica comunicar a própria experiência de fé, posicionar-nos como pessoas de fé numa sociedade que duvida, questiona, põe à prova as convicções do missionário. Não se trata só de falar a verdade de fé, antes se trata de apresentar um estilo de vida, uma postura, um modo de ser no mundo, em que demonstramos a fé na qual cremos, celebramos e estabelecemos relações com o próximo. "O que contemplamos e o que as nossas mãos apalparam da Palavra da Vida — vida esta que se manifestou, que nós vimos e testemunhamos, vida eterna que a vós anunciamos" (1Jo 1,1-2).

O Querigma na celebração da Palavra

O amor do Senhor é derramado incondicionalmente a cada celebração para nos tornar discípulos e seguidores do seu Evangelho. A proclamação eficaz da Palavra é o momento propício da graça para o Espírito atuar; podemos avaliar a força do Espírito no coração dos nossos catequizandos e daqueles que se aproximam das celebrações de nossa Igreja após tantos anos de afastamento ou indiferença.

O Querigma é justamente a urgente boa-notícia de salvação para quem não se deu conta da ação de Deus na própria vida ou para quem sofre situações limites: luto, desemprego, enfermidades, violência, perseguição.

Em tempos de apelação do sagrado, de relação utilitária com Deus, é hora de apresentarmos o Deus atuante de Jesus Cristo que continua agindo na força do seu Espírito. Ele nos dá muito mais do que ousamos pedir e seu amor ultrapassa o imediatismo de nossas necessidades. A liturgia abre-nos o caminho do seguimento, nos coloca em contato com a fonte da misericórdia, do perdão e da amizade com o Senhor. "Já não vos chamo servos, porque o servo não sabe o que faz o seu Senhor. Eu vos chamo amigos, porque vos dei a conhecer tudo o que ouvi de meu Pai" (Jo 15,15).

---

[4]   CNBB, *Diretório Nacional de Catequese*, n. 30.

Este anúncio faz acontecer *o encontro pessoal com o Senhor Ressuscitado* que se revela e vem ao encontro daquele que o aceita. "Eis que estou à porta e bato; se alguém ouvir minha voz e abrir a porta, eu entrarei na sua casa e tomaremos a refeição, eu com ele e ele comigo" (Ap 3,20). Ter fé em Deus não é questão de simplesmente considerar "verdadeira" uma afirmação teológica, mas sim de entrar nesse relacionamento pessoal com Deus, o qual exige uma mudança fundamental de perspectiva e de impostação da vida.

De um lado, o anúncio parte da convicção de fé daquele que experienciou a graça de Deus em sua vida e não pode deixar de testemunhá-la. Do outro lado, dá-se a conversão daquele que se coloca diante da realidade da fé, pois, até então, sua vida transcorrera na indiferença.

A fé, cultivada na oração e na escuta da Palavra na comunidade, nos predispõe a ver as coisas de um modo diferente! Sobretudo, passamos a viver unidos com Jesus Cristo que nos dá uma grande alegria e uma enorme força para lutar buscando sempre o essencial em nossa vida. A Palavra viva, Jesus Cristo, gera sentido de vida, otimismo e esperança porque nos ama, nos revela o amor do Pai e é realização desse amor ao entregar sua vida por nós. Tantas coisas neste mundo nos decepcionam, menos a convicção inabalável do amor do Senhor por nós.

Compreendemos que ter fé significa entrar na órbita da revelação do projeto de Deus, levado a efeito por seu Filho Jesus Cristo. Antes de tudo, acolhemos o amor ou a graça que nos envolve, pois a nossa conversão é precedida pelo desejo de Deus de nos salvar das armadilhas dos gananciosos do mundo. Sentir-se filho de Deus, tocado por sua graça, é o sentimento mais terno e convincente que podemos ter.

Na comunidade recebemos a Palavra que "é mais penetrante que qualquer espada de dois gumes e julga os pensamentos e as intenções do coração" (Hb 4,12), e revela nossas reais intenções. *Assim, a comunidade torna-se o lugar da experiência de Deus.* O Pai reúne seus filhos ao redor da mesa, o que implica participar do banquete e aceitar a proposta de Cristo em nossa existência. Enfim, deixar o Espírito Santo, que tem acesso ao nosso íntimo, transformar nosso modo, na maioria das vezes interesseiro, de ver as pessoas e os acontecimentos.

A liturgia forja valores e convicções que nascem da fonte da Palavra e constitui o lugar próprio para se encontrar com Deus e se despertar para os irmãos e as realidades duradouras. A educação litúrgica com seus símbolos e sinais tem a finalidade precisa de ajudar a pessoa a se despertar para uma realidade maior do que si própria, que a transcende e se coloca além de toda tecnologia e poder de consumo.

O Querigma orienta a liturgia a ser mais centrada no essencial da experiência de fé que se dá mediante o encontro da Boa-Nova com a conversão de fé de quem a ouve. A liturgia será querigmática à medida que houver:

- emprego da Sagrada Escritura, mostrando como Deus em e por Jesus de Nazaré entra na história da humanidade;

- anúncio do Mistério Pascal de Jesus Cristo em e por quem Deus nos dá a salvação;

- testemunho feliz da atualidade da redenção, pois o que se anuncia é o que se experimenta e se vive.

Na liturgia, vamos ajudar as pessoas a tomarem consciência da chegada do Reino, do anúncio inadiável das promessas do Senhor que quer resgatar o oprimido pela dor, devolver a paz ao coração atribulado e, sobretudo, ser a fonte de sentido para uma vida de luta contra as injustiças e todos os preconceitos.

Sem dar voltas, sejamos os primeiros anunciadores deste amor diante de tudo aquilo que o Senhor nos deu ao longo da vida. Sejamos diretos e convictos em anunciar a Palavra que opera hoje a salvação de Deus em nosso meio em favor daquele que o acolhe.

2. Palavra e sacramento

Muitas vezes, os cristãos dizem que não encontraram a Palavra de Deus em nossa Igreja. Somos mais conhecidos como Igreja dos sacramentos. "Na celebração litúrgica é máxima a importância da Sagrada Escritura. Pois dela são lidas as lições e explicadas na homilia e cantam-se os Salmos. É de sua inspiração e bafejo que surgiram as preces, orações e hinos litúrgicos. E é dela também que os atos e sinais tomam a sua significação."[5] Por isso, não precisamos temer a acusação de ritualismo, pois a liturgia cristã está inteiramente calcada na Sagrada Escritura.

---

[5] *Sacrosanctum Concilium*, n. 24.

"A liturgia cristã é o lugar em que o livro se transforma em Palavra, e a teologia cristã faz desta Palavra a manifestação de uma presença. Isso determina um comportamento novo diante da Bíblia, que, na liturgia da Palavra, não se apresenta somente como um livro escrito para o povo de Israel e que nós recordamos. É a Palavra de Deus dirigida hoje ao seu povo. É aqui e agora, na celebração, que Deus se dirige a nós."[6]

Toda celebração litúrgica: as bênçãos, os sacramentos e a Liturgia das Horas contemplam leituras bíblicas ou uma completa liturgia da Palavra. Na Crisma, após a celebração da Palavra, o bispo diz: "Recebe, por este sinal, o Espírito Santo, Dom de Deus". A graça que o sacramento proporciona é fruto da promessa proclamada anteriormente na Palavra.

> Os caminheiros de Emaús, após andarem com o Mestre, constataram: "Não estava ardendo o nosso coração quando ele nos falava pelo caminho e nos explicava as Escrituras?" (Lc 24,32). "Lembrem-se os fiéis de que a presença de Cristo é uma só, tanto na Palavra de Deus, 'pois é Ele mesmo que fala quando se leem as Sagradas Escrituras na igreja', como 'especialmente sob as espécies eucarísticas".[7]

Na celebração da missa, Cristo se nos dá primeiro como Palavra salvadora, antes de dar-se a nós como alimento eucarístico. Da mesa da Palavra vamos à mesa da Eucaristia. "A missa consta, por assim dizer, de duas partes, a saber, a liturgia da Palavra e a liturgia eucarística, tão intimamente unidas entre si que constituem um só ato de culto."[8] Ambas existem para ensinar e alimentar os fiéis e formam uma só mesa. A Palavra de Deus, lida e anunciada na liturgia pela Igreja, conduz à Eucaristia como a seu fim conatural. Por isso, "a Palavra de Deus e o mistério euca-

---

[6]   RODRIGUES, Sergio Augusto. *Liturgia e catequese*. Dissertação de mestrado. Faculdade N. S. Assunção/PUC-SP, 2008.

[7]   *Elenco das Leituras da Missa*, n. 46. Cf. também Instrução Geral sobre o Missal Romano, n. 29.

[8]   Instrução Geral sobre o Missal Romano, n. 28.

rístico foram honrados pela Igreja com a mesma veneração, embora com diferente culto".[9]

A Palavra, portanto, adquire seu sentido pleno quando ressoa na Igreja como mensagem de salvação de Deus a seu Povo. Pressupõe uma comunidade que na fé acolhe, interpreta, responde e vive; e também requer a presença do Espírito da verdade para compreendê-la em sua plenitude.

---

[9] *Elenco das leituras da missa*, n. 10.

12 Liturgia da Palavra

A liturgia da Palavra deve, pela distribuição das partes a diferentes pessoas e a toda a assembleia, deixar transparecer que Deus está dialogando com seu povo. Para participar de uma conversa, é preciso saber falar e saber ouvir. Não se pode somente falar, sem parar; e nem somente ouvir, sem responder.

Na missa, Deus nos fala e nós ouvimos; nós falamos e o Senhor nos escuta. Participar da liturgia da Palavra é entrar nesta conversa com Deus. A liturgia da Palavra é diálogo no qual o ser humano descobre que é importante para Deus, já que é a ele a quem Deus fala: é membro do povo escolhido. Descobre a intenção do Senhor de selar uma aliança. Vê-se provocado por esta Palavra a dar uma resposta. E quando a gente dialoga com Deus, a vida não continua do mesmo jeito.

"Deve-se promover a atitude de escuta celebrante: 'Fala, Senhor, que teu servo escuta'. É preciso colocar-se diante da Palavra considerando-a não uma lição ou tema de estudo, mas sim uma Pessoa que nos fala, que tem tempo para nós, que nos interpela e nos anuncia seu amor e seu plano de salvação."[1]

A Palavra do Senhor é semeada no coração de quem crê como uma semente de luz (cf. Mt 13,1-23) que vai germinar, crescer, florir, frutificar, iluminando a vida das pessoas, a partir do seu coração. E, de dentro para fora, até se tornar transbordante, fará a pessoa iluminada: ao falar, ao sorrir, no trabalho, no lazer, na dor ou na alegria.

1. Lecionários

Para proclamar as leituras na celebração da missa, temos os livros próprios, chamados *lecionários*, nos quais estão dispostos os textos bíbli-

---

[1] ALDAZÁBAL, José. *Celebrar a Eucaristia com crianças.* São Paulo: Paulinas, 2008. p. 65.

cos de acordo com o tempo litúrgico. A proclamação da Palavra deve ser feita sempre destes lecionários, nunca em folhetos ou de outros livros.[2]

"Os livros de onde se tiram as leituras da Palavra de Deus, assim como os ministros, os gestos, os lugares e as demais coisas devem suscitar nos ouvintes o sentido da presença de Deus que fala ao seu povo. Portanto, é preciso cuidar que também os livros, que são na ação litúrgica sinais e símbolos das realidades superiores, sejam de fato dignos, decorosos e belos."[3]

Merece destaque o livro do *evangeliário*, livro que contém as leituras dos evangelhos de acordo com o ano litúrgico para serem proclamadas na missa. Normalmente, ele é feito em tamanho grande, ricamente ornado, trazido sempre na procissão de entrada da missa e posto sobre o altar. É venerado como o ícone (imagem) de Cristo.

O evangelho é o cume da revelação. Diz-nos Santo Agostinho: "a boca de Cristo é o evangelho. Está sentado no céu, mas não deixa de falar na terra". Por isso, a proclamação do evangelho reveste-se de muitos gestos. Colocamo-nos de pé, em posição de alerta, de ressuscitados e de respeito; há o canto de aclamação, a saudação do ministro, o sinal da cruz; recomenda-se que o texto seja cantado e também o ministro beije o lecionário ou o evangeliário.

A liturgia do Concílio Vaticano II reformou os livros que contêm as leituras da missa seguindo o ano litúrgico em dois ciclos distintos: o semanal ou ferial e o dominical. Sempre com o objetivo de que a cada dois anos sejam lidas as principais passagens da Sagrada Escritura. Nos domingos, a Igreja se organiza em três anos, fazendo a leitura semicontínua de um evangelista:

Ano A: leituras do evangelho de Mateus.

Ano B: leituras do evangelho de Marcos.

Ano C: leituras do evangelho de Lucas.

---

[2] *Elenco das leituras da missa*, n. 37: "Os livros das leituras que se utilizam na celebração, pela dignidade que a Palavra de Deus exige, não devem ser substituídos por outros subsídios pastorais, por exemplo, pelos folhetos que se fazem para que os fiéis preparem as leituras ou as meditem pessoalmente".

[3] Ibid., n. 35.

As leituras do evangelho de João são proclamadas todos os anos, nos tempos da Quaresma e da Páscoa. O ciclo trienal das leituras dos domingos destaca algumas partes do Evangelho para que haja uma leitura mais abundante da Sagrada Escritura, já que os mesmos textos não voltarão a ser lidos, a não ser depois de três anos.

Não podemos e nem devemos substituir a leitura da Palavra de Deus por nenhum outro texto espiritual, por mais importante que seja. O texto bíblico é revelado e necessariamente requer nossa adesão de fé. A carta ou escrito de um santo não tem caráter de revelação.

2. Esquema

- Primeira leitura do Primeiro Testamento
- Salmo
- Segunda leitura do Segundo Testamento
- Aclamação ao Evangelho
- Evangelho
- Homilia
- Creio
- Oração dos fiéis

A liturgia da Palavra dominical consta de uma *primeira leitura* extraída do Primeiro Testamento. "Estas leituras foram selecionadas em relação às passagens evangélicas [...] para evidenciar a unidade de ambos os Testamentos [...]. Previu-se que nos domingos fosse lido o maior número possível dos textos mais importantes do Antigo Testamento [...]. De tal forma que todos os que participam da missa dominical conhecerão quase todas as passagens mais importantes do Antigo Testamento."[4]

O *Salmo responsorial* (de resposta) é a voz da Igreja que suplica, agradece e louva porque tudo que ela recebe vem do Senhor. O Salmo prolonga a primeira leitura em tom contemplativo e orante e como resposta de fé. "Se há uma parte da liturgia da Palavra que deva ser cantada, é o Salmo responsorial. O estilo musical do refrão, com linha melódica de fácil

---

[4] Ibid., n. 106.

aprendizado por parte do povo, e o estilo recitativo, interpretado por um cantor das estrofes, são um fator fundamental para que o Salmo concretize a sua finalidade. Se não há quem o cante, ao menos se faça o possível de cantar o refrão e o salmista profere os versículos, interpretando-os de forma poética. Somente em último caso alternam-se o refrão rezado pelo povo e os versículos interpretados por um salmista. Mesmo tendo um estilo meditativo, o Salmo merece uma cuidadosa atenção e necessita ser interpretado com um especial vigor e participação" (Fr. Luiz Turra).

A *segunda leitura*, do Segundo Testamento, segue uma carta ou escrito, de maneira semicontínua, por isso os temas não precisam necessariamente coincidir com o do Evangelho.

O *Evangelho* anuncia a realização em Cristo daquilo que foi, de alguma forma, vivido pelo povo de Deus e proclamado na primeira leitura. "A Igreja anuncia o mesmo e único mistério de Cristo quando proclama, na celebração litúrgica, o Antigo e o Novo Testamento [...]. O centro e a plenitude de toda a Escritura e de toda a celebração litúrgica é Cristo."[5]

Eis um exemplo de ligação entre as leituras bíblicas:

6º Domingo do Tempo Comum B	O leproso deve ficar isolado – Lv 13,1-2.44-46	Jesus cura o leproso – Mc 1,40-45
11º Domingo do Tempo Comum C	O profeta Natã aponta o pecado de Davi – 1Sm 12,7-10.13	Jesus perdoa a pecadora arrependida – Lc 7,36–8,3
4º Domingo do Advento A	Profecia do nascimento do Emanuel – Is 7,10-14	Gravidez de Maria e cumprimento da profecia – Mt 1,18-24

A *homilia* é o discernimento da vida da comunidade à luz da Palavra. "A Palavra de Deus é um 'acontecimento através do qual o próprio Deus entra no mundo, age, cria, intervém na história do seu povo para orientar sua caminhada."[6] Toda a liturgia é memorial das palavras e ações de Jesus que, ao serem proclamadas em cada celebração, tornam-se um juízo sobre nossas ações e as da comunidade. A Palavra põe em

---

5   Ibid., n. 5 e 66,1.

6   CNBB, *Orientações para a celebração da Palavra de Deus*, n. 10.

crise as situações erradas, provoca uma revisão, suscita o compromisso. "Senhor, eis que eu dou a metade de meus bens aos pobres, e, se defraudei a alguém, restituo-lhe o quádruplo" (Lc 19,8).[7] Somos servidores da Palavra. Queremos fazer tudo o que o Senhor nos disser. É uma Palavra de vida que devolve a paz, suscita a esperança, oferece o consolo, mas ao mesmo tempo nos desinstala, nos põe de pé prontos para caminhar e enfrentar os desafios. Ao proclamar a Palavra na celebração, os acontecimentos da vida de Jesus se cruzam com os nossos: sangue e suor, sofrimentos e alegrias, realizações e projetos, tristezas e esperanças... nada abstrato. Cada um se descobre capaz de ler os sinais de salvação e de manifestação do Senhor em sua própria vida e ao seu redor. Por isso, é insuportável quando a homilia não respeita o texto bíblico proclamado e trata assuntos que se distanciam da Palavra do Senhor. Infelizmente, esse vício ocorre frequentemente em nossas celebrações.

A comunidade, então, *professa sua fé* e eleva seus pedidos ao Senhor (*oração universal*) como resposta e adesão à Palavra recebida. Abrimos nossa lista de preces pelo bem da Igreja, do mundo e de nossas próprias necessidades. Não devemos ter medo ou receio de pedir, mas com uma única condição: que acima de nossos anseios prevaleça a vontade de Deus, que nos ultrapassa em sabedoria e conhecimento.

3. Celebração sem ministro ordenado

No Brasil, a realidade da falta de ministros, a dispersão populacional e as grandes distâncias fizeram com que cerca de 70% das celebrações dominicais sejam realizadas por comunidades que vivem e celebram sua fé sem o sinal pleno da Eucaristia, pois lhes faltam o ministro ordenado e a consagração do pão e do vinho.[8] No entanto, devemos valorizar a celebração da Palavra com os sinais eucarísticos que a acompanham e tornam presente o Ressuscitado para a nossa comunhão com ele:

- a *comunidade está reunida* em nome do Senhor,

- no Domingo, dia do Senhor,

---

[7]   Ibid., n. 23.

[8]   CNBB, *Animação da vida litúrgica* no Brasil, n. 25.

- a presença animadora do *ministro* autorizado pelo bispo diocesano, que faz aquela assembleia estar em comunhão com a Igreja universal,

- a proclamação da *Palavra* e o louvor a Deus,

- a oferenda da própria vida como compromisso de entrega e doação ao próximo,

- a santificação da assembleia pelo dom do Espírito,

- o *testemunho da fé* que une e envia em missão os fiéis.

Muitos cristãos ainda não descobriram o valor da Palavra celebrada no domingo e, diante da ausência do presbítero, preferem não vir à comunidade. No entanto, vamos ficar com o essencial: *o encontro pascal com o Senhor em sua Palavra e na comunidade reunida*. O cristão não pode viver sem o Domingo. E só existe Domingo para o cristão quando se celebra o louvor do Senhor em comunidade, mesmo que nessa reunião não sejam consagrados o pão e o vinho.

A atitude dos agentes de pastoral de valorizar o encontro dominical, de ajudar a preparar o local, os leitores, os cantos ou de convidar pais e crianças e jovens, seguramente colocará a Palavra em primeiro lugar e contribuirá para que a comunidade celebre o preceito dominical com frutos de graça e alegria para todos.

4. Vivência litúrgica

Recomenda-se celebrar adequadamente a leitura bíblica indicada em cada encontro de catequese. Durante esse momento orante do grupo, exercita-se a escuta ativa da Palavra a fim de suscitar a necessária resposta de fé. Sugere-se criar um ambiente celebrativo: sentar em semicírculo, tendo ao centro um ambão com a Sagrada Escritura e com uma toalha ou faixa da cor litúrgica do tempo (branco se Páscoa ou Natal, verde se Tempo Comum, roxo se Quaresma ou Advento), e uma vela grande.

Para as pessoas se concentrarem e ouvirem a proclamação, recomenda-se iniciar os encontros cantando um refrão meditativo ou um mantra, ora mais baixo, ora mais alto. Durante o canto, um jovem se levanta e acende a vela grande. É recomendável cantar ou proclamar um Salmo com a participação do grupo por meio das respostas. Quando o

Evangelho for proclamado, fica-se de pé; quando não, fica-se sentado. A proclamação sempre será feita do ambão. Em seguida, há uma conversa ou partilha, inspirada na Palavra ouvida, sobre a vida do grupo. Podem--se acrescentar preces de pedidos ou de ação de graças, propor alguma bênção etc.

13 Liturgia eucarística

Convidamos à intimidade de nossa casa aquelas pessoas de que gostamos muito para ouvir nossas confidências e rir à vontade. São amigos que gozam da nossa confiança, dos quais não escondemos sentimentos ou disfarçamos situações. Sentados à mesa, comemos do mesmo pão e, fugindo da solidão, condividimos a alegria de estar juntos. Naturalmente que nos alimentamos não somente da comida, mas também do afeto, da amizade, da cumplicidade... Nesse clima de família se estreitam os laços de comunhão e de solidariedade.

Jesus, quando reuniu os apóstolos para celebrar sua última ceia pascal, os chamou à íntima comunhão consigo. Por isso afirmou: "Vós sois meus amigos [...]. Já não vos chamo servos, porque o servo não sabe o que faz o seu Senhor. Eu vos chamo amigos, porque vos dei a conhecer tudo o que ouvi de meu Pai" (Jo 15,14-15).

Estar à mesa com Cristo não se trata somente de uma relação horizontal de amizade; vai mais além, implica numa comunhão de vida e de morte com sua pessoa e sua missão. Ele entrega sua vida para a salvação da humanidade, ao apresentar-se a si mesmo como caminho, verdade e vida, colocando-se acima da lei e de qualquer outro poder deste mundo. A última ceia, com os sinais do pão e do vinho, torna-se o sacramento de sua morte na cruz e de sua confiança inabalável no Pai.

Hoje, ao nos reunirmos para a Eucaristia, celebramos o único sacrifício de Cristo na cruz e a sua ressurreição. Participamos da Páscoa de Cristo fazendo memória, isto é, lembrando a Deus o sacrifício redentor de Cristo para que ele nos associe a esse acontecimento e renove a sua graça, por meio do gesto sacramental de comunhão no pão e no vinho. Quando a Igreja celebra a Eucaristia, rememora a Páscoa de Cristo, e esta se torna presente em forma de ceia.[1]

---

[1] *Catecismo da Igreja Católica*, n. 1364.

"Para levar a efeito obra tão importante, Cristo está sempre presente em sua Igreja, sobretudo nas ações litúrgicas."[2] Ele já não tem, como Ressuscitado, limites de tempo e de espaço. Está liberado da matéria e de suas limitações.

Cristo está presente *nas espécies eucarísticas.* A presença estritamente eucarística "chama-se real, não por exclusão, como se as outras não fossem reais, mas porque é substancial, quer dizer, por ela está presente, de fato, Cristo completo, Deus e homem".[3] A presença chega à sua plenitude na doação eucarística, mas já é real antes. Cristo se identifica de modo misterioso com o pão e o vinho, que pelo Espírito são convertidos em seu corpo e sangue. Na Eucaristia, *é o Senhor glorioso, Cristo ressuscitado, que se torna presente a nós* para nos fazer entrar em comunhão com ele.[4]

A presença no pão e no vinho é o meio que Cristo pensou para tornar possível nossa incorporação à sua vida do Ressuscitado e à participação em sua Nova Aliança. O símbolo escolhido, o da refeição, é o melhor para exprimir a profundidade deste encontro interpessoal entre Cristo e sua comunidade. A Ceia do Senhor nos faz entrar na dinâmica de sua Páscoa e de sua vida definitiva, alimentando-nos, assim, em sua marcha na história.[5]

1. E o reconheceram ao partir o pão

Após a ressurreição de Jesus, Lucas nos apresenta a cena dos dois caminheiros que estavam tristes e decepcionados, por isso se afastavam de Jerusalém e iam em direção do povoado de Emaús (Lc 22,13-35). O profeta poderoso em palavras e obras o qual acreditavam ser o messias libertador de Israel morreu crucificado pelas autoridades. Num primeiro momento, Jesus põe-se a caminho com eles: "E, começando por Moisés e passando por todos os Profetas, explicou-lhes, em todas as Escrituras, as passagens que se referiam a ele" (v. 27).

---

[2] *Sacrosanctum Concilium*, n. 7.

[3] PAULO VI, *Mysterium fidei*; carta encíclica sobre o culto da sagrada Eucaristia, n. 46.

[4] Cf. ALDAZÁBAL, José. *A Eucaristia*. Petrópolis: Vozes, 2002. p. 315.

[5] Cf. ibid., p. 323.

Numa celebração eucarística, podemos identificar este momento com a liturgia da Palavra. No final do trajeto, os discípulos de Emaús vão constatar: "Não estava ardendo o nosso coração quando ele nos falava pelo caminho e nos explicava as Escrituras?" (v. 32).

Também os discípulos vão reconhecer o Cristo na fração do pão. "Depois que se sentou à mesa com eles, tomou o pão, pronunciou a bênção, partiu-o e deu a eles. Neste momento, seus olhos se abriram, e eles o reconheceram" (vv. 30-31). Esses quatro verbos repetidos na multiplicação dos pães e na última ceia mostram como a liturgia eucarística está composta.[6]

• Ele tomou o pão... o cálice	Rito das ofertas
• Deu graças	Oração Eucarística
• Partiu o pão	Fração do pão
• E o deu	Comunhão

Rito das ofertas

Tomou o pão, o cálice: na preparação das oferendas são trazidos na procissão pão e vinho, bem como alimentos e dinheiro para as necessidades dos pobres e da comunidade.

Em toda celebração eucarística, *a obra da criação*, representada pelo trigo e a uva, se faz presente, sendo assumida por Cristo para ser transformada pelo *trabalho humano* e apresentada ao Pai (através do pão e do vinho).

Fórmula de apresentação dos dons

"Bendito sejais, Senhor, Deus do universo, pelo pão que recebemos de vossa bondade, fruto da terra e do trabalho humano, que agora vos apresentamos, e para nós se vai tornar pão da vida."

Ao apresentar o fruto da terra resultante também do esforço humano, levamos ao altar todo o sofrimento e tribulação do mundo, na certeza

---

[6] Instrução Geral sobre o Missal Romano, n. 72.

de que tudo é precioso aos olhos de Deus. Podemos comparar com o suor, a doação e o desgaste do trabalhador que geram condições de vida para sua família se alimentar e sobreviver. Esse gesto permite valorizar a participação primeira que Deus pede à humanidade, ou seja, levar em si mesmo a obra divina à perfeição.[7]

De fato, a transformação em Cristo que o pão e o vinho estão chamados a ser é o movimento que toda a natureza espera, enquanto geme as dores do parto de sua libertação do pecado. Toda a celebração eucarística é uma grande ação de graças ao Pai pela criação, e principalmente porque enviou seu Filho que a redimiu e libertou. Assim, todo o cosmo é chamado a esta grande libertação.

A presença de Cristo no pão e no vinho suscita "um processo de transformação da realidade, cujo termo último é a transfiguração do mundo inteiro, até chegar àquela condição em que Deus seja tudo em todos (1Cor 15,28)".[8] "Toda a criação [...] e também nós, que temos as primícias do Espírito, gememos em nosso íntimo, esperando a condição filial, a redenção de nosso corpo" (Rm 8,22-23). Por isso, a celebração eucarística conserva seu caráter universal e cósmico

"Mesmo quando tem lugar no pequeno altar duma igreja da aldeia, a Eucaristia é sempre celebrada, de certo modo, *sobre o altar do mundo*. Une o céu e a terra. Abraça e compenetra toda a criação. O Filho de Deus fez-se homem para, num supremo ato de louvor, devolver toda a criação Àquele que a fez surgir do nada. Assim, Ele, o Sumo e Eterno Sacerdote, entrando com o sangue da sua cruz no santuário eterno, devolve ao Criador e Pai toda a criação redimida. Fá-lo através do ministério sacerdotal da Igreja, para glória da Santíssima Trindade. Verdadeiramente este é o *mistério da fé* que se realiza na Eucaristia: o mundo saído das mãos de Deus criador volta a Ele redimido por Cristo."[9]

A Eucaristia não só nos anuncia profeticamente a realidade dos últimos tempos, mas já a contém. O pão e o vinho ficam integrados na esfera do amor do Ressuscitado, e também nós participamos sacramentalmen-

---

[7] Cf. BENTO XVI. *Exortação Apostólica pós-sinodal Sacramentum Caritatis*. São Paulo: Paulinas, 2007. n. 47.

[8] Ibid., n. 11.

[9] JOÃO PAULO II, *Ecclesia de Eucharistia*, n. 8.

te dessa realidade, como sinal eficaz e garantia da transformação final à qual estamos destinados.

Esta é a razão de ser da Eucaristia: a antecipação sacramental em nossa história da identidade radical do mundo na ordem da ressurreição. Cristo integrará, no fim dos tempos, o mundo a si mesmo como a pura expressão cósmica de sua glória e fará dele para sempre seu corpo vivo, libertando-o de toda dependência com relação à morte.

Diante dessa grandeza, o que falar da destruição da Amazônia, da emissão dos gases poluentes, da destruição da camada de ozônio e do efeito estufa?

Oração Eucarística

Deu graças é o significado da palavra "Eucaristia". Jesus rezou várias *orações de ação de graças* (em hebraico, *beraká*) e durante a última ceia o fez especialmente sobre o pão e no fim da ceia sobre o vinho. A Oração Eucarística foi inspirada nas grandes orações judaicas, tem o caráter de bênção e de ação de graças ao Pai pela maravilha de sua criação e, principalmente, por tê-la levado à perfeição com a redenção que Cristo protagonizou com sua morte e ressurreição. Damos graças porque o Pai nos santifica com o seu Espírito, conduzindo-nos de volta a ele.[10]

"A Oração Eucarística é centro e ápice de toda a celebração, prece de ação de graças e santificação. O sacerdote convida o povo a elevar os corações ao Senhor na oração de ação de graças e o associa à prece que dirige a Deus Pai, por Cristo, no Espírito Santo, em nome de toda a comunidade. O sentido desta oração é que toda a assembleia se una com Cristo na proclamação das maravilhas de Deus e na oferta do sacrifício."[11]

A Oração Eucarística nos educa a reconhecer a soberania de Deus sobre todo o criado, a ter sentimentos e atitudes de louvor ao Pai que nos cumulou de tantos dons: a vida, a natureza, os rios, o mar. Tudo vem dele, é dom de sua providência que nos cuida e protege.

No início do prefácio, o sacerdote diz: "Demos graças ao Senhor, nosso Deus" e respondemos: "É nosso dever e salvação". O ministro

---

[10] Cf. *Catecismo da Igreja Católica*, nn. 1359-1360.

[11] Instrução Geral sobre o Missal Romano, n. 78.

prosseque: "Na verdade, é justo e necessário, é nosso dever e salvação dar-vos graças, sempre e em todo lugar". Essa é a postura que cabe ao cristão: *Em tudo dai graças* (1Ts 5,18). Por isso sempre dizemos: *Graças a Deus*.

Partes da Oração Eucarística

Procure ter em mãos o texto da *Oração Eucarística III* para verificar cada uma de suas partes.

O *prefácio* inicia a oração ao apresentar específico acontecimento da salvação comemorado naquela celebração.

A aclamação do *santo* conclui o prefácio. Toda a assembleia louva o Senhor Deus, retomando aquelas palavras que, conforme o profeta Isaías, foram pronunciadas pelos serafins diante do trono da majestade divina.[12] Já a segunda parte do *Santo* utiliza a mesma aclamação do povo diante de Jesus quando de sua última entrada em Jerusalém no "dia de Ramos".

Nesta aclamação, a Igreja, unindo sua voz a dos anjos, convoca toda a natureza para louvar o Pai. *"Senhor Deus do universo. O céu e a terra proclamam a vossa glória: Hosana nas alturas! Bendito o que vem em nome do Senhor."*

O sacerdote invoca o Espírito Santo para transformar o pão e o vinho no corpo e no sangue de Cristo, é a primeira *epiclese* ("invocação sobre"). Segue a *narrativa da instituição* e a consagração, quando pelas palavras e ações de Cristo se realiza o sacrifício que ele instituiu na última ceia.[13]

Depois, invoca novamente o Espírito Santo para que transforme o povo que celebra (assembleia litúrgica) no Corpo de Cristo. É a segunda *epiclese. Esta é a finalidade da Eucaristia, formar o corpo eclesial de Cristo.*

---

[12] "No ano em que morreu o rei Ozias, vi o Senhor, sentado em trono alto e majestoso. A orla de seu manto enchia o templo. Acima dele se erguiam serafins, cada qual com seis asas. Duas cobriam-lhes o rosto, duas o corpo, e duas serviam para voar. Exclamavam um para o outro: *'Santo, santo, santo é o Senhor dos exércitos, a terra inteira está repleta de sua glória'*" (Is 6,1-3).

[13] Toda a oração eucarística forma uma unidade e tem caráter consecratório, por isso não convém destacar com grande relevo o momento da elevação do pão consagrado ou do cálice com uso de campainhas. Pois a grande elevação da oferta de Cristo ao Pai, associando a si sua Igreja, seu corpo, se dá na conclusão da mesma oração com o "Por Cristo, com Cristo e em Cristo...".

Segue *a anamnese*, pela qual, cumprindo a ordem recebida do Cristo através dos apóstolos, a Igreja faz a memória do próprio Cristo, relembrando principalmente a sua bem-aventurada Paixão, a gloriosa Ressurreição e a Ascensão aos céus.

Nas intercessões da prece eucarística, a Igreja une-se aos seus membros que já se encontram com o Pai, nossos irmãos falecidos, e invoca a Virgem Maria, os apóstolos e os santos que nos precedem na glória. Assim, a Igreja peregrina neste mundo e a Igreja gloriosa proclamam um só louvor ao Pai, por Cristo e na força do Espírito. A tensão em direção às últimas realidades suscitada pela Eucaristia *exprime e consolida a comunhão com a Igreja celeste*.

Unimo-nos à liturgia celeste, associando-nos àquela multidão imensa que grita: "A salvação pertence ao nosso Deus, que está sentado no trono, e ao Cordeiro" (Ap 7,10).

A Igreja se incorpora à ressurreição de Cristo na Eucaristia. Este sacramento não só é atualização da páscoa passada, mas também do Reino definitivo. Na Eucaristia, o sacerdote, ao finalizar a Oração Eucarística, eleva o pão e o vinho consagrados e diz: *Por Cristo, com Cristo, em Cristo, a Vós, Deus Pai todo-poderoso, na unidade do Espírito Santo...* Toda a criação e todo o nosso existir subsistem pela força da Palavra criadora do Pai, Jesus Cristo, que ao se encarnar nos redimiu de todo o mal. Ele é o único mediador entre Deus e a humanidade. Sua ação salvadora está unida ao Pai e ao Espírito Santo. Sempre são as três Pessoas Divinas que agem em conjunto envolvendo toda a criação.

Cristo deu seu "sim" à vontade do Pai. "A Igreja responde fielmente o mesmo 'Amém' que Cristo, mediador entre Deus e os homens, pronunciou, de uma vez para sempre, ao derramar seu sangue, a fim de selar, com a força de Deus, a Nova Aliança no Espírito Santo".[14] Por isso, respondemos com força e convicção o *Amém*, que é o nosso "sim" ao projeto salvífico da Trindade; assim somos associados por Cristo ao seu sacrifício e apresentamos ao Pai as obras da vida diária que realizamos sob a inspiração e força do Espírito Santo. Este é o nosso culto espiritual.

---

[14]   *Elenco das leituras da missa*, n. 6.

Fração do pão

Partiu o pão: os discípulos de Emaús contaram "como o tinham reconhecido ao partir o pão" (Lc 24,35). "O gesto da fração do pão realizado por Cristo na última ceia, que no tempo dos apóstolos deu o nome a toda a ação eucarística, significa que muitos fiéis, pela comunhão no único pão da vida, que é o Cristo, morto e ressuscitado pela salvação do mundo, formam um só corpo".[15] "O pão que partimos não é comunhão com o corpo de Cristo? Porque há um só pão, nós, embora muitos, somos um só corpo, pois todos participamos desse único pão" (1Cor 10,16b-17).

Quando o sacerdote parte o pão na missa, manifesta o valor e a importância do sinal da *unidade* de todos em um só pão e da *caridade fraterna* pelo fato de um único pão ser repartido entre os irmãos.[16] Quem come do pão que o Senhor reparte para nós, isto é, seu corpo e sangue, compromete-se a repartir seu pão, a sua vida, com os irmãos.

Assentar-se à mesma mesa tem uma implicação muito séria em nossa vida. Significa assumir para si a mesma atitude de doação de vida que o Senhor teve para conosco. *E o que significa celebrar a Eucaristia numa sociedade de ricos e miseráveis?* O Brasil se coloca como um dos campeões da desigualdade social no mundo, segue a lógica "dos ricos cada vez mais ricos à custa dos pobres cada vez mais pobres" (João Paulo II).

O Papa João Paulo II, quando visitou o Brasil em julho de 1980, ao abrir o X Congresso Eucarístico Nacional, em Fortaleza (CE), mostrou as consequências concretas que têm a fração do pão eucarístico na vida do cristão. "Na sagrada mesa desaparece toda diferença de raça ou de classe social, permanecendo somente a participação de todos no mesmo alimento sagrado. Esta participação, idêntica em todos, significa e realiza a supressão de tudo o que divide os homens e [...] facilita-se o cumpri-

---

[15] *Instrução Geral do Missal Romano*, n. 83.

[16] Cf. *Instrução Geral do Missal Romano*, n. 321, continua este número: "Convém que o pão eucarístico seja de tal modo preparado que o sacerdote possa de fato partir a hóstia em diversas partes e distribuí-las ao menos a alguns dos fiéis". O fato de consagrarmos partículas na missa dificulta a concretização do sinal do único pão e, consequentemente, o gesto de partir o pão fica subentendido quando o presidente parte apenas a hóstia grande. Sempre que possível, reunir a hóstia grande e as partículas numa única patena (bandeja) para ajudar a visibilizar o único pão e também para mostrar que não há diferença entre a hóstia grande e as hóstias pequenas.

mento das exigências pedidas pela justiça, devido precisamente ao clima particular de relações interpessoais que a caridade fraterna vai criando dentro da própria comunidade [...]. Da Eucaristia brota, como atitude fundamental, a partilha fraterna."

A refeição implica assentar-se à mesma mesa sem discriminações de raça, classe social ou sexo. Assim, vê-se mais claramente a relação da ceia eucarística com o banquete do fim dos tempos, no qual "não há mais judeu ou grego, escravo ou livre, homem ou mulher, pois todos vós sois um só, em Cristo Jesus" (Gl 3,28). O Pai nos quer igualmente a todos.

Rito da comunhão

Deu: *a comunhão é o ponto de referência, pois tudo na celebração tende a que os fiéis cheguem à comunhão com o Senhor "devidamente dispostos". É o que pretendem de modo especial os três momentos de preparação imediata: o Pai-nosso, o gesto de paz e a ação simbólica da *fração do pão*.

Na Eucaristia, o próprio Cristo se faz nosso alimento para comunicar-nos sua própria vida, sua Nova Aliança, e para edificar sua comunidade como seu próprio corpo. A finalidade é construir a comunidade de fé, que assume a missão do Evangelho. Seu efeito fundamental é a comunhão de todos com Cristo e entre si, formando o corpo eclesial de Cristo. Uma vez que fomos alimentados por Cristo com o Pão Eucarístico, sejamos transformados por ele num só corpo.

Fazemos parte do Corpo de Cristo pelo Batismo. Recebemos o corpo eucarístico de Cristo para formarmos um corpo bem unido. O sacramento da Eucaristia, pão e vinho consagrados, existe para que os fiéis, em comunhão com o corpo sacramental de Cristo, possam alcançar o fim próprio e último da celebração eucarística: formação do corpo eclesial, edificação da Igreja.

Comungar o pão e o vinho tem a finalidade de nos unir a Cristo e de sermos transformados nele. *Quem come a minha carne e bebe o meu sangue permanece em mim, e eu nele* (Jo 6,56), assim como os ramos não podem produzir frutos por si mesmos, se não estiverem unidos à videira, "vós não podereis dar fruto se não permanecerdes em mim" (Jo 15,4).

Na procissão para a *comunhão*, vamos ao encontro de Cristo, como uma comunidade de irmãos. A comunhão é o ato de receber o sacramento do seu corpo entregue e de seu sangue derramado para que nós nos transformemos naquilo que recebemos. É o ponto culminante da participação litúrgica. Para receber a comunhão, "o modo mais expressivo é o de estender a mão esquerda, bem aberta, fazendo com a direita, também estendida, 'como um trono' [...], para em seguida com a direita tomar o Pão e comungar ali mesmo, antes de voltar a seu lugar. Não se 'pega' o Pão oferecido com os dedos – à maneira de pinças –, mas deixa-se que o ministro o deposite dignamente na palma aberta da mão".[17]

A videira possui um tronco largo e, a cada ano, produz ramos compridos em que brotam muitos cachos de uva. Cristo é o tronco, nós somos os ramos; assim, formamos sua Igreja. A seiva que vem do tronco e alimenta os ramos é o Espírito de Cristo que nos fortalece para produzir os frutos. Portanto, precisamos estar estreitamente unidos a Cristo, pela Eucaristia, para produzirmos frutos. Quais frutos ele espera de nós?

Ritos finais

Os *ritos finais* marcam o envio dos fiéis (do latim, *missio*: "missão", "envio") para que cumpram a vontade de Deus em sua vida cotidiana.[18] Somos enviados a viver esse amor trinitário junto a todos que creem e não creem. O encontro com o Senhor é transformador e libertador. Nunca ficamos indiferentes depois de sentir a sua presença. Ele nos concede o seu Espírito Consolador e nosso Advogado que nos acompanha, e, tal como uma fonte, alimenta as boas obras que deveremos empreender no altar de nosso coração durante toda a semana.

"'Aquele que se alimenta de mim viverá por mim' (Jo 6,57). Nesse banquete feliz participamos da vida eterna e, assim, nossa existência cotidiana se converte em missa prolongada".[19] Após a celebração, a maior sensação que permanece conosco é a convicção de que o Senhor nos acompanha e que não trabalhamos em vão.

---

[17] ALDAZÁBAL, José. *Gestos e símbolos*. São Paulo: Loyola, 2005. p. 127.

[18] Cf. *Catecismo da Igreja Católica*, n. 1332.

[19] *Documento de Aparecida*, n. 354.

Certa vez, Dom Helder foi convidado a fazer uma procissão em desagravo ao Santíssimo Corpo de Cristo, que tinha sido profanado numa capela perto do mangue na periferia do Recife. O assaltante, ao roubar a pobre capela, levou a âmbula e deixou cair pela rua barrenta as partículas consagradas. A população mobilizou-se e chamou o bispo.

Houve a procissão e a missa. No final, Dom Helder disse, enfático: "Eu continuo vendo Jesus jogado no barro". Os presentes não entenderam. Então, dom Helder repetiu por mais duas ou três vezes, cada vez com mais ênfase. Por fim, concluiu: "O Cristo continuará profanado enquanto vocês viverem amassando lama todos os dias, pois são desrespeitados em sua dignidade".

Normalmente, ao falar da presença de Cristo, só pensamos em sua presença eucarística. Sua presença é muito mais universal e radical: está presente em sua Igreja em todo momento. Somos chamados a desagravar sua presença, não somente quando seu corpo e sangue sacramentais são desrespeitados, mas principalmente quando sua presença no irmão que sofre é ofendida e maltratada. "Todas as vezes que não fizestes isso a um desses mais pequenos, foi a mim que o deixastes de fazer!" (Mt 25,45).

14 Penitência

Diariamente fazemos a experiência da luz e das trevas, da coragem e da covardia, da gratuidade e do puro interesse. A maldade parece tomar proporções gigantescas, e não podemos fechar os olhos diante dos políticos que, para engordar suas fazendas, desviam verbas da merenda escolar, deixam hospitais desequipados etc. Pior ainda, políticos comprovadamente corruptos que se enriqueceram com obras superfaturadas e são reeleitos com ampla votação popular. A força do mal na sociedade está ligada, entre outras coisas, ao indiferentismo dos cidadãos e aos meios de comunicação, que não educam suficientemente o povo.

É triste ver a floresta amazônica desmatada; a degradação do meio ambiente com rios poluídos, lixo não reciclado e favelas; a violência urbana coordenada pelo crime organizado ou mesmo a riqueza produzida pelo narcotráfico. Sem contar ainda o analfabetismo, aliado aos baixos índices de rendimento dos alunos de nossas escolas.

Os contrastes da sociedade desafiam nossa capacidade de mobilização, nosso interesse pelo outro e nossa força de solidariedade. Sentimos em nosso peito a grande contradição, fomos feitos para amar sem medidas como Jesus nos amou e, no entanto, nossa resposta é tão pequenina e medíocre...

A Bíblia sempre nos aponta dois caminhos (cf. Salmo 1): o que nos leva à vida e aquele que conduz à morte. Jesus contrapõe o Reino ao mundo. O primeiro é o caminho da porta estreita, lugar de justiça, de paz, de solidariedade e também de perseguição daqueles que lutam por esses valores. O segundo, o mundo, tem um caminho largo que conduz à perdição, favorece a superficialidade das relações, rege-se segundo a lei do interesse, do querer levar vantagem em tudo, enfim, é o lugar das aparências.

O batizado deverá sempre optar entre um e outro ao longo de sua vida. O seguimento do Mestre requer um posicionamento decidido do cristão. Jesus solicita uma resposta livre do discípulo, firmada por uma adesão convicta de quem respeita o outro, crê na força do bem, se empenha para construir relações sem preconceitos ou discriminações.

A esse posicionamento radical do cristão podemos chamar de "opção fundamental". Trata-se da atitude permanente de quem tem uma visão da vida e do mundo guiada unicamente para o bem. Bem diferente será aquele que ignora o Evangelho e vive um consumismo selvagem, cuja alegria é comprar, adquirir a última moda ou estar preocupado só em curtir a vida.

1. Jesus e os pecadores

O pecado degrada o ser humano e destrói a semelhança da criatura com o Criador. Cristo é a imagem perfeita do Pai. Sua missão neste mundo reconcilia o ser humano com o Pai, vence a maldade do pecado com seu sangue derramado na cruz. A pessoa de Jesus constitui o lugar do encontro da misericórdia, do perdão e da justificação de todo ser humano. Em Jesus Cristo reencontramos nossa semelhança com o Pai. Em vez da ganância e da violência, entendemos que o ser humano se dignifica como pessoa quando adquire capacidade de superar o mal com o bem, de perdoar, de lutar não só pelo bem próprio, mas de construir a comunidade, de ser cidadão em sua vida social.

"O Filho de Deus, feito homem, habitou entre os homens para livrá--los da servidão do pecado e chamá-los das trevas à sua luz admirável [...]. Jesus não só exortou os homens à Penitência, a fim de que deixassem os pecados e de todo o coração se convertessem ao Senhor, mas também, acolhendo os pecadores, reconciliou-os com o Pai. Além disso, curou os enfermos para manifestar seu poder de perdoar pecados. Finalmente, morreu por nossos pecados e ressuscitou para nossa justificação."[1]

Jesus nos recomendou a permanente atitude de vigilância para não cairmos em tentação. E o alegre anúncio da chegada do Reino, inaugurado em sua pessoa, inclui primeiramente a conversão. "Completou-se o tempo, e o Reino de Deus está próximo. Convertei-vos e crede na Boa--Nova" (Mc 1,15).

---

[1] CNBB, *Ritual da Penitência*, n. 1.

2. A relação entre a Penitência e o Batismo

A conversão é um elemento central da vida cristã. A expressão eclesial mais excelente da conversão cristã é o sacramento da Reconciliação. Ele mostra, com grande realismo, a frágil condição humana necessitada da misericórdia do Pai e da salvação em Cristo. A força do Espírito comunica a graça do perdão e nos orienta a prosseguir rumo ao mistério de Cristo.

A Penitência é um acontecimento salvífico pascal, uma manifestação eclesial privilegiada da presença misteriosa da Páscoa de Cristo. "Esta vitória sobre o pecado refulge primeiro no Batismo, pelo qual o velho homem é crucificado com Cristo para que, destruído o corpo do pecado, já não sirvamos ao pecado, mas, ressuscitados com Cristo, vivamos para Deus".[2] Há a bela citação de Santo Ambrósio para ressaltar a ligação entre Batismo e Penitência: a Igreja, "além da água, possui as lágrimas: a água do Batismo; as lágrimas da Penitência".

Todas as vezes que celebramos o perdão de Deus no sacramento da Penitência, recobramos a graça batismal perdida pelo pecado, participamos de sua Páscoa e somos reconciliados com Deus e com a Igreja.

"Uma vez que a vida nova na graça, recebida no Batismo, não suprimiu a fraqueza da natureza humana nem a inclinação ao pecado (ou seja, a *concupiscência*), Cristo instituiu esse sacramento para a conversão dos batizados que se afastaram dele pelo pecado."[3]

3. A celebração da Penitência

Tanto a celebração individual quanto a comunitária da Penitência incluem, primeiramente, a celebração da Palavra, pela qual Deus chama à Penitência e conduz à verdadeira conversão interior. Somos convertidos pela Palavra; é ela que nos julga, como uma espada de dois gumes (cf. Hb 4,12). Além do *rito para a reconciliação individual dos penitentes*, há também a *celebração comunitária* da Penitência, que admite *a confissão*

---

[2] CNBB, *Ritual da Penitência*, n. 2.

[3] *Compêndio do Catecismo da Igreja Católica*, n. 297.

e *absolvição individuais* ou, nos casos previstos de muita necessidade, *a confissão e absolvição geral.*

"A celebração em comum manifesta mais claramente a natureza eclesial do sacramento. Pois os fiéis ouvem juntos a Palavra de Deus, que, proclamando a misericórdia divina, os convida à conversão, levando-os a confrontar com ela sua vida e se ajudarem com a oração recíproca".[4] Apresentamos os atos que o penitente deverá empreender para receber a absolvição individual.

O *exame de consciência* faz pensar em nosso projeto de vida, com seus objetivos. O que impede de prosseguir rumo à meta estabelecida? Quais atitudes devem ser corrigidas e quais melhoradas ainda mais? Prejudicamos alguém? Cumprimos nossas obrigações na família, na escola, no trabalho? Como entendo a relação com o(a) namorado(a)? Como trato o pessoal em casa? Que compromissos assumi com minha fé?

A *contrição ou arrependimento* inclui o propósito de não pecar mais; ao reino anunciado por Cristo só se pode chegar mediante a conversão, pela qual adquirimos o modo de pensar, de julgar e de dispor a vida como Jesus. Não basta conhecer nossas faltas; é preciso *arrepender-se* e querer *não as repetir.*

Na *confissão*, o penitente confessa seus pecados. O sacerdote, se necessário, ajuda o penitente a fazer a confissão íntegra, dá-lhe conselhos oportunos e exorta-o ao arrependimento de suas culpas, recordando-lhe que o cristão, pelo sacramento da Penitência, morrendo e ressuscitando com Cristo, se renova no Mistério Pascal.

Na *satisfação*, o sacerdote, em seguida, impõe ao penitente uma ação penitencial para reparar o dano causado pelo pecado e renovar sua vida.

O *propósito de mudança, o cumprimento da Penitência*, é mudar de vida em coerência com a conversão do coração. A Penitência ganha sentido quando se traduz em atos e gestos concretos. Ela é, portanto, um exercício de luta contínua, de conversão diária diante de tudo aquilo que nos prende nas tramas do egoísmo.

---

[4] CNBB, *Ritual da Penitência*, n. 31.

4. Vivência

Precisamos assumir com realismo e coragem o projeto de Jesus de que "se completou o tempo, e o Reino de Deus está próximo. Convertei-vos e crede na Boa-Nova" (Mc 1,15). Optar pelo Reino significa assumir o projeto de Jesus em todas as nossas ações. É uma atitude fundamental de vida. Mas, como temos consciência de nossas imperfeições e omissões, outra atitude fundamental que nos acompanha é a conversão.

Vamos assumir o costume de sermos os primeiros a pedir desculpas ou perdão de nossos erros e falhas; sermos compreensivos com os erros alheios, pois "com a mesma medida com que medirdes sereis medidos" (Lc 6,38). Vamos alargar nossa consciência ética do bem comum e, em nossas relações, jamais admitir o favoritismo, gestos de corrupção ou votar em políticos que andam por esses caminhos.

Outro ponto importante de vivência cristã nos leva a valorizar o outro, nunca como objeto de prazer. Precisamos estabelecer relações consequentes, que nos responsabilizem pelo outro e nos levem a crescer no amor, na entrega, no carinho e no respeito.

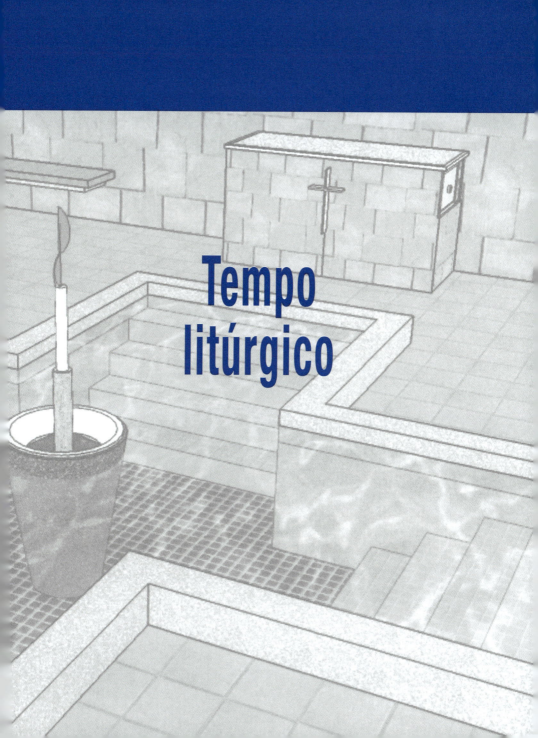

Tempo litúrgico

15 Ano litúrgico

Nossa vida cotidiana é uma correria em busca de tantas coisas, e de repente nos damos conta de que adquirimos muita experiência, estamos economicamente mais estabelecidos, porém mais velhos e cansados. O tempo corre diferente e as distâncias diminuíram, tudo ficou mais rápido. A velocidade das mudanças nos impele a viver intensamente o momento presente. O horizonte da vida eterna tornou-se muito distante, o importante é viver o agora.

Visto desta forma, o tempo nos aprisiona e nos condena a um destino fatal. Esta é a maneira de conceber o tempo segundo o deus grego, *khronos*, que informado por um oráculo de que um de seus filhos o mataria, logo que a criança nasceu tratou de engoli-la. O tempo cronológico é cruel e implacável. Todo mundo tem seu dia e a sua hora, e a sua há de chegar, já dizia Guimarães Rosa.

"Os gregos antigos tinham duas palavras para o tempo: *khronos* e *kairós*. Enquanto o primeiro refere-se ao tempo cronológico, ou sequencial, o tempo que se mede, o segundo – *kairós* – é um momento indeterminado no tempo em que algo especial acontece, a experiência do momento oportuno."[1]

A chegada do Filho de Deus inaugurou o Reino de Deus entre nós, e desde agora a salvação nos foi conquistada definitivamente. Portanto, o tempo é uma oportunidade de graça e de salvação, um contínuo *kairós*. Agora, podemos acolher a salvação que o Senhor nos concede, pois "Completou-se o tempo, e o Reino de Deus está próximo" (Mc 1,15a). Cabe a nós distinguir os sinais presentes do Reino e viver o tempo favorável da graça no qual o Senhor se manifesta.

Avaliar e discernir a revelação de Deus na história é tarefa urgente da pessoa de fé, que age não somente de acordo com a própria vontade, mas sim escutando e percebendo a presença de Deus na própria vida e

---

1   http://pt.wikipedia.org/wiki/Kairos, acesso em 19/04/11.

nos acontecimentos ao seu redor. Lembremo-nos dos fariseus e saduceus que pediam a Jesus um sinal do céu. Jesus lhes diz que de acordo com o vento e a cor do céu sabiam distinguir se ia chover ou fazer sol, no entanto não reconheciam *os sinais dos tempos*! (cf. Mt 16,1-4)

E os sinais de Deus em nossa vida somente os reconhecemos pela prática da oração, da escuta da Palavra, da celebração litúrgica e pela atenção que tomamos com os fatos, oportunidades e desafios que o dia a dia nos apresenta. Com Cristo, a salvação se faz presente no tempo e produz reconciliação, paz, confiança e otimismo, pois é o Senhor que vem e nos trata como amigos, seguidores e alvos do seu cuidado providente.

A celebração cria outro tempo para superar o aprisionamento da sucessão contínua de dias e noites e para possibilitar a acolhida do novo. "Eis que faço nova todas as coisas" (Ap 21,5). Portanto, celebrar o ano litúrgico nos possibilita passar a limpo nossas intenções e projetos para que se integrem no plano salvador de Deus.

1. Senhor do tempo

O tempo foi redimido. "Eu sou o Alfa e o Ômega, diz o Senhor Deus, 'aquele que é, que era e que vem, o Todo-poderoso'" (Ap 1,8). O ano litúrgico, celebrado pela Igreja, extrapola o tempo civil e não tem início e nem ocaso; comemora o *próprio Cristo* em movimento no tempo e no espaço, a continuar sua obra salvífica. "Através do ciclo anual, a Igreja comemora todo o mistério de Cristo, da encarnação ao dia de Pentecostes e à espera da vinda do Senhor" (*Normas universais do ano litúrgico*, n. 17).

Assim, a Igreja, ao longo do ano, celebra os mistérios da vida de Jesus e da Virgem Maria, a qual viveu a vontade do Pai como fiel discípula de seu Filho. Celebra também o mistério da graça que os santos encarnaram e nos dão o grande exemplo de serem testemunhas do Evangelho.

Eternidade divina

"Quando chegou a sua hora, viveu o único evento da história que não passa [...]. É um evento real, acontecido na nossa história, mas é único: todos os outros eventos da história acontecem uma vez e depois passam, engolidos pelo passado. O Mistério pascal de Cristo, ao contrário, não pode ficar somente no passado, já que pela sua morte destruiu a morte, e tudo o que Cristo é, fez e sofreu por todos os homens participa da eternidade divina, e por isso abraça todos os tempos e nele se mantém permanentemente presente. O evento da cruz e da ressurreição permanece e atrai tudo para a vida".[2]

Participamos da Páscoa de Cristo fazendo memória, isto é, lembrando a Deus o sacrifício redentor de Cristo para que ele nos associe a esse acontecimento e renove a sua graça, por meio do gesto sacramental. Jesus disse durante a ceia ao levantar o cálice com vinho: "Todas as vezes que dele beberdes, fazei-o em minha memória" (1Cor 11,25).

A presença do Ressuscitado, por seu lado, já não tem sucessão de tempo: para ele tudo é "hoje", exaltado como está junto a Deus e cheio de seu Espírito. O ano litúrgico é um contínuo "hoje", pois a salvação é sempre atual e está à nossa mão.

Ao celebrar os acontecimentos protagonizados por Cristo (seu nascimento, transfiguração, curas… Paixão, Morte e Ressurreição), a Igreja faz memória deles e torna-nos seus contemporâneos.

Por isso, é comum ouvirmos expressões que mostram essa atualidade: "Celebramos a noite santa em que a Virgem Maria deu ao mundo o Salvador" (Oração Eucarística I); "Revelastes, hoje, o mistério de vosso Filho como luz para iluminar todos os povos" (Prefácio da Epifania); "Hoje, nas águas do rio Jordão, revelais o novo Batismo" (Prefácio: O Batismo do Cristo no Jordão).

Finalidade

O ano litúrgico contribui para reproduzir em nós a vida de Cristo, cumpre com a necessidade de incorporar os fiéis ao mistério da salvação, reproduzindo neles a imagem do Filho de Deus feito homem (cf. Rm 8,29; 1Cor 15,49), para que cada vez mais possamos ser transformados no mistério que celebramos. Cada mistério da vida de Cristo incide diretamente em nossa vida e em nosso destino final de filhos de Deus.

---

[2]   *Catecismo da Igreja Católica*, n. 1085.

Daí a representação mais usual do ano litúrgico em forma espiral, dando ideia de continuidade, progressão e abertura. A cada ano celebramos os mesmos fatos históricos da vida de Jesus Cristo, mas sempre de maneira diferente, pois já não somos os mesmos. Convertidos, tornamo-nos mais próximos de Deus, e somos levados a mudanças de atitudes, à conversão de vida.

Ritmo do tempo

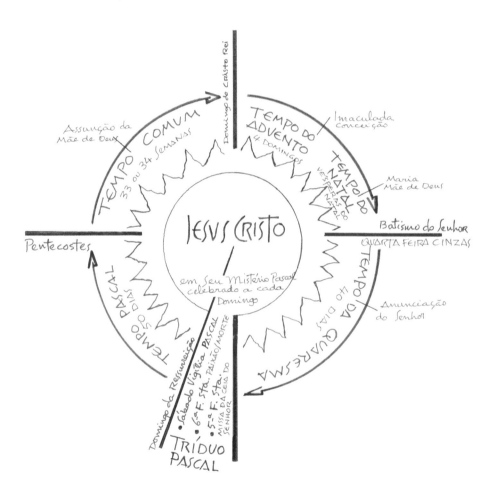

A comemoração anual da Páscoa estrutura todo o ano litúrgico. A celebração da Vigília Pascal é o cume de todas as celebrações. A partir da data da Páscoa se estabelecem os quarenta dias de quaresma e os cinquenta dias do Tempo Pascal.

Mas por que a data da Páscoa muda todo ano? O tempo medido pelos ciclos lunares ao redor da Terra não coincide com o calendário que segue o giro da Terra ao redor do Sol, que origina o ano civil durando em média 365 dias. Notemos que o ciclo lunar e o solar se interpolam no ano litúrgico. A data da Páscoa é móvel em cada ano porque obedece ao calendário lunar – o primeiro domingo de lua cheia depois do equinócio de primavera do hemisfério norte.[3]

Na Igreja, celebramos a Páscoa durante o ano inteiro, pois ela é o mistério central da nossa salvação. Ao celebrá-la, fazemos memória dos acontecimentos salvadores que Jesus realizou junto com o seu povo.

Decisivamente, toda a liturgia cristã é atualização do memorial da Páscoa de Jesus Cristo. Cada acontecimento e situação da vida humana são celebrados à luz da Páscoa de Cristo. Por isso mesmo, ao celebrar o jubileu sacerdotal, as exéquias ou as bodas de um matrimônio, celebramos a Páscoa de Cristo que se concretiza na vida das pessoas, especialmente daquele casal que comemora 25 anos de matrimônio. Eles celebram o amor recíproco e redimido calcado no perdão, na doação e na entrega de si, amparados no amor de Cristo que ama a sua Igreja e dá sua vida por ela.

O ano litúrgico é composto basicamente de três ciclos: da Páscoa, do Natal e do Tempo Comum. O Ciclo Pascal compreende o Tríduo como ponto central, a Quaresma como preparação e o Tempo Pascal como prolongamento. Por sua vez, o Ciclo Natalino conta com o Advento como tempo de preparação, e prolonga-se até a festa do Batismo do Senhor. Outras 33 ou 34 semanas, chamadas de Tempo Comum, se intercalam com estes ciclos e com algumas solenidades comemorativas dos mistérios de Cristo, da Virgem Maria e dos Santos.

---

[3] Equinócio é o fenômeno no qual o sol se alinha com o hemisfério norte ou sul, tornando o dia com a mesma duração que a noite; ocorre na primavera e no outono.

16 Domingo

O ritmo semanal é marcado pelo domingo. "No primeiro dia de cada semana, que é chamado dia do Senhor ou domingo, a Igreja, por uma tradição que vem dos apóstolos e que tem origem no próprio dia da Ressurreição de Cristo, celebra o mistério pascal. Por isso, o domingo deve ser tido como o principal dia de festa" (*Normas universais do ano litúrgico*, n. 4).

Depois de trabalharmos a semana inteira, ou de irmos cinco ou seis dias à escola, é justo descansarmos. O domingo se tornou, apenas, um dia de folga, ou uma pausa no estudo ou no trabalho. Mas será que o domingo é somente isso? Em uma sociedade de consumo, o tempo se alterna entre trabalho e lazer, ganhar e gastar dinheiro. Na verdade, somos mais que máquinas de consumo. O tempo não pode se reduzir ao que dá prazer ou é necessário para satisfazer desejos momentâneos. Visto dessa forma, o domingo se vê transformado pelo individualismo e correria da sociedade moderna e perde seu significado primeiro e seus vínculos comunitários.

Decidir-se a participar da missa dominical é um exercício de quem entende que a vida precisa encontrar sua fonte e culminância em Cristo, que se expressa fundamentalmente na celebração eucarística. Significa romper definitivamente com a prisão do cotidiano e nos aceitarmos como seres transcendentes e espirituais acima do conforto da vida moderna.

A dimensão celebrativa reforça os laços de luta e de resistência de uma comunidade; se esta dimensão não for levada a sério, a vida cairá na indiferença do individualismo e da subjetividade exasperada.

1. O reconhecimento da obra divina

A Bíblia nos ensina que Deus criou o mundo por sua Palavra e, "no sétimo dia, concluiu toda a obra que tinha feito [...]. Deus abençoou o sétimo dia, o santificou e repousou de toda a obra que fizera" (Gn 2,2-3). Por isso, até hoje os judeus celebram o repouso do sábado.

Como o ser humano se perdeu pelos caminhos do pecado, Deus nos enviou seu Filho para nos salvar. A obra da criação não ficou presa nas teias do pecado, do ódio e da violência, pois Jesus atraiu para si todas as coisas. O seu sangue derramado na cruz redimiu a humanidade. Na madrugada depois do sábado, Cristo ressuscitou, ou seja, num oitavo dia a criação foi redimida e chegou à sua plenitude. Agora tudo é novo (2Cor 5,17).

"No primeiro dia da semana, bem de madrugada, quando ainda estava escuro, Maria Madalena foi ao túmulo e viu que a pedra tinha sido retirada" (Jo 20,1; Mc 16,9). Depois de avisar Pedro e João que o túmulo estava vazio, voltou e permaneceu do lado de fora do sepulcro. João diz que o Ressuscitado lhe apareceu e ela o confundiu com um jardineiro.[1] É a intenção velada do evangelista de mostrar que o Calvário é o novo lugar do jardim do paraíso, ou seja, ali teve início a nova criação.

As aparições do Ressuscitado acontecem no domingo. "Ao anoitecer daquele dia, *o primeiro da semana*, os discípulos estavam reunidos, com as portas fechadas" (Jo 20,19). Tomé duvida deste encontro e por isso, "Oito dias depois, os discípulos encontravam-se reunidos na casa, e Tomé estava com eles [...]. Jesus entrou, pôs-se no meio deles" (v. 26).

Esses versículos nos mostram como bem prontamente todo o significado do sábado foi transferido para o domingo centrado na realidade da Páscoa (passagem) do Senhor. Domingo, palavra que vem do latim *dominus*, que significa "Senhor". O livro do *Apocalipse* chamará de "dia do Senhor" (1,10).

A insistência do evangelista em mostrar a presença do Ressuscitado junto à comunidade explica a prática já consolidada da Igreja nascente de se reunir no domingo para celebrar a Eucaristia. Os cristãos "eram perseverantes em ouvir o ensinamento dos apóstolos, na comunhão fraterna, *na fração do pão* e nas orações" (At 2,42). Nesta época, o gesto de fracionar o pão era tão importante que designava toda a Eucaristia.

O catecismo do primeiro século, chamado *Didaqué*, já confirma este costume dos cristãos: "Reúnam-se no dia do Senhor para partir o pão e agradecer, depois de ter confessado os pecados, para que o sacrifício de vocês seja puro" (XIV,1).

---

[1] "Pensando que fosse o jardineiro, ela disse: 'Senhor, se foste tu que o levaste, dize--me onde o colocaste, e eu irei buscá-lo" (Jo 20,15b).

2. O dia da Ressurreição

Se o domingo é o dia da Ressurreição, ele não se reduz à recordação de um acontecimento passado: é a celebração memorial da presença viva do Ressuscitado no meio de nós.

A celebração eucarística dominical é nossa páscoa semanal. Sua morte e ressurreição continuam crescendo e desenvolvendo-se em e por nós, sempre com a presença misteriosa do Senhor, sobretudo no domingo. Cada domingo é ao mesmo tempo memória da Páscoa inicial e profecia da futura.[2]

Dessa forma, a Páscoa será progressivamente assumida em nossa vida. Em cada celebração nossa resposta de fé será cada vez mais verdadeira, pois aprendemos a oferecer nossa vida, doação e serviço aos irmãos como oferta de louvor em cumprimento do nosso Batismo até chegarmos à páscoa final, quando veremos Deus face a face.

Na assembleia dominical se celebra o sacramento da unidade, do povo reunido "pela" e "na" unidade do Pai, do Filho e do Espírito Santo. Um domingo sem assembleia eucarística não será um dia do Senhor. É o dia da Igreja por excelência. "A assembleia dominical vai-nos educando para uma consciência mais viva da Igreja, para um sentido mais profundo de pertença, para um compromisso de construção da comunidade, que não é uma realidade já conquistada, mas um processo de amadurecimento a partir da convocatória de Cristo e da animação do Espírito".[3]

A Eucaristia dominical nos reúne como a família dos filhos de Deus na casa do Pai. Marca, no cristão, um estilo de vida pessoal e comunitário. Oferece-nos a ocasião de renovar a graça batismal e de cultivar as atitudes de otimismo, alegria e confiança na misericórdia do Pai, o testemunho nos sofrimentos e o anúncio do Senhor no mundo. Ela nos dá o Espírito de santidade para vivermos numa relação de intensa comunhão e proximidade. Os cristãos são convocados pelo Senhor e por seu Espírito

---

[2] Cf. ALDAZÁBAL, José. Domingo, dia do Senhor. In: BOROBIO, Dionisio (org.). *A celebração na Igreja*. São Paulo: Loyola, 1990. v. 3, pp. 67-91, aqui p. 81.

[3] Ibid., p. 82.

para alimentar e discernir sua vida diante da Palavra proclamada e do sacrifício de Cristo.

A Eucaristia dominical é fonte de nossa identidade cristã, por conseguinte faz crescer a compreensão de nossa missão no mundo. É a hora da graça, quando somos chamados a discernir nossa vida à luz da Palavra, do Corpo e do Sangue do Senhor e da fé dos irmãos reunidos. Assim como Paulo propôs aos cristãos em 1Cor 11,17-34.

A Eucaristia aponta questionamentos que ressituam o cristão no mundo. O sacramento oferece novos significados e valores, que fazem a comunidade posicionar-se diferentemente diante de si e da sociedade, suscitando um testemunho sempre mais evangélico. Os desafios de hoje encontram novas luzes no memorial do sacrifício do Senhor.

3. Vivência

O que significa viver segundo o domingo? "O domingo é o dia em que o cristão reencontra a forma eucarística própria de sua existência, segundo a qual é chamado a viver constantemente: 'viver segundo o domingo' significa viver consciente da libertação trazida por Cristo e realizar a própria existência como oferta de si mesmo a Deus, para que sua vitória se manifeste plenamente a todos os homens através de uma conduta intimamente renovada.

No início do século IV, quando o culto cristão era ainda proibido pelas autoridades imperiais, alguns cristãos do Norte da África, que se sentiam obrigados a celebrar o dia do Senhor, desafiaram essa proibição. Acabaram sendo martirizados enquanto declaravam que não lhes era possível viver sem a Eucaristia, alimento do Senhor: — 'Sem o domingo, não podemos viver'. Esses mártires de Abitina, juntamente com muitos outros santos, fizeram da Eucaristia o centro de sua vida, intercedem por nós e nos ensinam a fidelidade ao encontro com Cristo ressuscitado!"[4]

---

[4] BENTO XVI, Exortação Apostólica pós-sinodal *Sacramentum Caritatis*; sobre a Eucaristia, fonte e ápice da vida e da missão da Igreja. São Paulo: Paulinas, 2007. nn. 72 e 95.

4. Dicas para o encontro comunitário

Valorize o domingo como dia de encontro com o Senhor. Mais que ressaltar a obrigação do preceito dominical, conscientize-se sobre sua importância e necessidade para nutrir a vida cristã. Estabeleça quais são as dificuldades que o grupo tem de participar da missa ou celebração dominical; ao lado trace os ganhos de centralizar a Eucaristia como eixo de todos os compromissos da semana. Ao redor do domingo gira toda a vida comunitária de fé, a alegria e a esperança próprias de quem espera no Senhor.

17 Quaresma

A princípio, a Igreja Primitiva só conhecia a comemoração da Páscoa anual e semanal, com o domingo como dia da Ressurreição, dia do Senhor. A origem do tempo da quaresma data do final do século III e início do século IV, mas somente como uma semana de preparação para a Páscoa. A partir daí a história narra sua evolução até os tempos atuais com seis domingos antecedentes à Páscoa.

O caminho quaresmal de preparação para a Páscoa cristã começa com o gesto de penitência da imposição das cinzas na Quarta-Feira de Cinzas e termina com o início do Tríduo Pascal na noite da Quinta-Feira Santa, com a celebração da Missa da Ceia do Senhor.

São quarenta dias que a Igreja relaciona com os quarenta anos de peregrinação do povo hebreu rumo à terra prometida; os quarenta dias de jejum total de Moisés no Monte Sinai para receber a Lei da Aliança (Ex 24,12-18.34); os quarenta dias em que Elias, a caminho do Monte Horeb, foge da perseguição (1Rs 19,8); e o retiro de Jesus no deserto, onde passa quarenta dias e noites em jejum, se preparando para sua vida pública (Mt 4,1-2).

O sentido do Tempo litúrgico da Quaresma está concentrado na penitência como mortificação pessoal e alimento da vida espiritual em três dimensões: *o jejum, a oração e a esmola* (cf. Mt 6,1-6.16-18). Respectivamente, são três movimentos de crescimento e purificação em relação a si mesmo, a Deus e ao próximo. O jejum é o querer abster-se de alimentos para a descoberta do alimento espiritual da Palavra de Deus e do Pão da Vida; só é possível se estiver vinculado à oração. A esmola requer a atitude de abertura para acolher a necessidade do outro, tendo como referência a entrega total e generosa do Senhor na cruz.

Assim, recorda as respostas de Jesus a cada tentação que sofreu no deserto. O jejum mostra que não só de pão vive o homem, mas de toda Palavra que sai da boca de Deus. A esmola e a oração vivificam o agir, sob a graça de Deus: o cristão adorará somente a Deus e a nenhum outro prestará culto.

119

1. Quaresma e Páscoa

Compõem uma só realidade e dinâmica espiritual de cunho pascal, sobretudo nas celebrações dominicais. Na Quaresma, o cristão está à procura de uma via de salvação que o remeta à sua futura Páscoa junto com Jesus. Por isso, se fortifica no combate a tudo que depõe contra o Reino.

Tempo de conversão, no qual os cristãos procuram praticar penitência, refazer sua caminhada de fé e se confessar. Muitos se abstêm de comer carne ou deixam de beber álcool ou comer algo de que gostam muito. Outros elegem dias inteiros para fazer o jejum total. Cada um escolhe uma maneira de demonstrar sua espiritualidade penitencial.

"O povo cristão percebe claramente que durante a Quaresma é preciso orientar os ânimos para as realidades que verdadeiramente contam; que se exige empenho evangélico e coerência de vida, traduzida em boas obras, em formas de renúncia àquilo que é supérfluo e de luxo, em manifestações de solidariedade com os sofredores e os necessitados."[1]

A cor litúrgica própria é o roxo, e não se canta o *Glória*, nem o *Aleluia*, que voltarão a ser entoados somente na Vigília Pascal. Nesse período, devemos nos abrir para ouvir e acolher a Palavra de Deus e intensificarmos a prática da caridade em busca da conversão de nossos pecados.

A Igreja do Brasil desenvolve neste Tempo de Quaresma a Campanha da Fraternidade. Trata-se de um grande movimento de evangelização e de conscientização daqueles pecados mais gritantes da sociedade brasileira que nos impedem de celebrar a Páscoa do Senhor mais plenamente.

"Contemplando o Salvador crucificado, o povo entende mais facilmente o significado da dor imensa e injusta que Jesus, o Santo e o Inocente, sofreu pela salvação do homem, e compreende também o valor do seu amor solidário e a eficácia do seu sacrifício redentor."[2]

---

[1] CONGREGAÇÃO PARA O CULTO DIVINO E A DISCIPLINA DOS SACRAMENTOS. *Diretório sobre a piedade popular e a liturgia*. São Paulo: Paulinas, 2005. n. 125.

[2] Ibid., n. 127.

18 Tríduo Pascal

Os três dias da Paixão, Morte e Ressurreição do Senhor são o ponto culminante, o eixo gravitacional em torno do qual gira todo o ano litúrgico. Começa na Quinta-Feira Santa, com a missa vespertina da Ceia do Senhor. Celebra-se a Paixão do Senhor na Sexta-Feira Santa. No Sábado Santo, celebra-se a solene Vigília Pascal, que, nas palavras de Santo Agostinho, "é a mãe de todas as vigílias". A vigília abre o Tempo Pascal com o retorno do *Glória* e do *Aleluia*.

1. Quinta-Feira Santa – Ceia do Senhor

Jesus, seguindo o costume de seus irmãos judeus, celebrava todos os anos a Páscoa em memória dos acontecimentos do Êxodo. Às vésperas de ser entregue e condenado à morte, Jesus celebrou a Páscoa com um sentido próprio a partir de sua morte na cruz. Sua morte é Páscoa: mostra a intervenção do Pai que salva a humanidade pelo amor de seu Filho, amor este levado às últimas consequências. "Deus amou tanto o mundo, que deu o seu Filho único, para que todo o que nele crer não pereça, mas tenha a vida eterna" (Jo 3,16). Antecipadamente, ele celebrou em forma de ceia pascal o que iria acontecer no calvário no dia seguinte.

Ao celebrar pela última vez a Páscoa judaica com seus apóstolos, Jesus institui o memorial de sua Páscoa (Paixão, Morte e Ressurreição), a Eucaristia como o sacramento por excelência que expressa o significado de sua entrega como cumprimento do projeto do Reino de Deus. Na última ceia há uma antecipação celebrativa, sacramental, do sacrifício de expiação do pecado que acontece na cruz. Essa é a celebração sacramental nova, memorial do novo êxodo pascal de Cristo.

Sua entrega consciente àqueles que podiam matá-lo significou o enfrentamento do mal deste mundo pelo Filho de Deus. Jesus combate

121

o mal pela raiz e ensina-nos que o amor deve ser levado às últimas consequências. "Antes da festa da Páscoa, sabendo Jesus que chegara a sua hora de passar deste mundo para o Pai, tendo amado os seus que estavam no mundo, amou-os até o fim" (Jo 13,1).

Na saída do Egito, os hebreus marcaram as portas com o sangue do cordeiro imolado para o Senhor os proteger do anjo exterminador (cf. Ex 12,21-33).

122

Lava-pés

O evangelho de João substitui o relato da ceia pela cena do lava-
-pés. O gesto de lavar os pés, o sacrifício da cruz e o sacramento memorial deste sacrifício têm em comum o serviço humilde de amor e entrega
pela humanidade.

O gesto do lava-pés está muito presente na sociedade daquele
tempo. O estranho é ver Jesus lavando os pés. Dessa forma, o gesto se
reveste do valor da humildade, do serviço, do despojamento. Porque o
comum era que um serviçal o realizasse.

Jesus, o Filho de Deus encarnado, entende sua vida e sua missão
como serviço de amor à humanidade. Ele se doa inteiramente. "Se eu,
o Senhor e Mestre, vos lavei os pés, também vós deveis lavar os pés
uns aos outros. Dei-vos o exemplo, para que façais assim como eu fiz
para vós" (Jo 13,14-15). Assim, o Reino de Cristo só pode ser recebido e
instaurado com o serviço de amor. E a entrega da sua vida na cruz será
o cume desta entrega, da sua vida colocada a serviço da humanidade.
Assim, os três elementos se orientam mutuamente; isto é Eucaristia.

2. Sexta-Feira da Paixão do Senhor

É dia de jejum e abstinência de carne. Os quatro evangelistas coin-
cidem em conferir sentido pascal à morte de Jesus na cruz. Para os evangelistas Mateus, Lucas e Marcos, Jesus celebrou a ceia pascal e depois
foi crucificado. Porém, o evangelista João identifica a morte de Jesus na
preparação desta ceia. Faz coincidir sua morte com a véspera desta ceia
quando eram sacrificados os cordeiros para serem comidos na ceia. Por
isso, esta celebração acontece às três horas da tarde. Tal como o cordeiro sacrificado, Jesus é o novo cordeiro, cujo sangue derramado nos
redime e tira o pecado do mundo.

A cruz não surgiu repentinamente na vida de Jesus de Nazaré. Ela
foi consequência de uma opção radical pelo Pai e pelo Reino. Na fidelidade ao Pai, Jesus é fiel também aos pobres e aos pecadores, os quais
o Pai ama e quer resgatar. Jesus não hesitou em defender os oprimidos.
Condenou o poder e a riqueza construídos à custa da opressão, assim
como as desigualdades sociais, as discriminações, as leis injustas que

favoreciam apenas uma pequena parcela da sociedade. Não aceitou a hipocrisia e o uso da religião em proveito próprio. Anunciou o Reino de justiça, amor e paz, pois todos são iguais perante Deus e com os mesmos deveres e direitos. Essa maneira de agir acabou levando-o a ser condenado.

Jesus Cristo é o novo cordeiro imolado que tira o pecado do mundo.

Adoração da cruz

Nesta celebração, a cruz velada é levada ao altar, acompanhada por dois ministros com velas acesas. O sacerdote, de pé diante do altar, vai descobrindo-a cantando a antífona *Eis o lenho da cruz...* Todos respondem: *Vinde, adoremos*. Todos fazem um momento de adoração em silêncio. Os fiéis permanecem de joelhos, se aproximam em procissão e beijam a cruz.

3. Vigília Pascal

A Vigília Pascal, 'mãe de todas as santas vigílias', celebrada no Sábado Santo, deve realizar-se à noite, de tal modo que comece depois do anoitecer ou termine antes da aurora do domingo. É a celebração mais importante do ano litúrgico. Nela se comemora a Ressurreição de Jesus, com os sinais do fogo, da Palavra, da água, do pão e do vinho.

A Ressurreição é um acontecimento que está no centro da experiência religiosa que Jesus Cristo fez de Deus. Ela, o ápice do caminho feito por Jesus Cristo, é o mistério por excelência que serve como critério para entender o sentido dos demais mistérios da fé cristã: sua Encarnação (o divino humanizado e o humano divinizado), sua Vida (seus gestos e palavras), sua Paixão (tudo aquilo que diz respeito a seu sofrimento) e sua Crucifixão (morte violenta na cruz). Com a Ressurreição, esses mistérios se esclarecem, e os seguidores de Jesus Cristo descobrem quem ele é, qual é sua missão e qual é seu futuro.

A Ressurreição ilumina e dá sentido ao presente, pois a luz do Ressuscitado dissipa as dúvidas e incertezas da morte e a sensação de que tudo está perdido, ou de que a Crucifixão foi o fim de tudo. Mas a Ressurreição projeta luz também sobre o futuro, pois o Ressuscitado inaugura um tempo novo de esperança, em um mundo mais de acordo com os desígnios de Deus Pai.

Celebração da luz

A celebração começa com a bênção do fogo novo fora da igreja. A comunidade se reúne em torno da fogueira, sinal de Jesus, nossa luz. O comentário antes da bênção do fogo bem expressa o sentido do rito: "Nesta noite santa, em que nosso Senhor Jesus Cristo passou da morte à vida, a Igreja convida os seus filhos dispersos por toda a terra a se reunirem em vigília e oração. Se comemorarmos a Páscoa do Senhor ouvindo sua palavra e celebrando seus mistérios, podemos ter a firme esperança de participar do seu triunfo sobre a morte e de sua vida em Deus".

Liturgia da Palavra

Propõem-se sete leituras do Primeiro Testamento, que recordam as maravilhas de Deus na história da salvação; e duas do Segundo Testamento, a saber, a leitura de Paulo aos Romanos sobre o Batismo cristão como sacramento da Ressurreição de Cristo e o anúncio da Ressurreição no Evangelho de João. Por razões pastorais, podem-se reduzir para três as leituras do Primeiro Testamento, tendo-se, porém, em conta que a leitura da Palavra de Deus é o principal elemento desta Vigília. A leitura da travessia do Mar Vermelho (cf. Ex 14) nunca pode ser omitida.

A ordem das leituras reproduz o dinamismo da mesma revelação: começa com a criação e continua com o sacrifício de Isaac e com a passagem do Mar Vermelho; daqui se passa aos profetas, que exortam à fidelidade da Aliança e anunciam a Nova Aliança. Assim, revelam o pensamento de Deus sobre a salvação histórica da Páscoa antiga e nova. A liturgia da Vigília ressalta a passagem das leituras do Antigo Testamento para as do Novo: para significar este *trânsito* do antigo ao novo, grande parte dos elementos que querem significar esta mudança se coloca agora no altar (ornamentação do altar, canto do Glória, toque dos sinos, órgão e Aleluia entre as duas leituras do Novo Testamento).

Liturgia batismal

Nessa Vigília é preparada a água batismal, pois celebramos a iniciação cristã dos adultos nessa noite. É cantada a ladainha de todos os santos. Estes são exemplos de vida cristã e intercedem junto a Deus por nós e pelos eleitos, a fim de que tenhamos força para viver nosso Batismo. Depois, os eleitos adultos são batizados e confirmados. Também, os fiéis renovam seus compromissos batismais e são aspergidos com água.

Liturgia eucarística

Os adultos que foram batizados apresentam as oferendas e recebem a Eucaristia pela primeira vez. O Crucificado ressuscitou e passou a ser uma presença sacramentalmente viva na comunidade por meio da Eucaristia, que é o cume desta celebração. Tudo converge para ela e só ela a contém inteiramente. A nova Páscoa é eucarística. Essa noite é por excelência a noite do sacramento pascal. A Eucaristia é o memorial da Páscoa de Cristo e a antecipação daquela do céu. Por ela a Igreja participa da novidade pascal de Jesus Cristo ressuscitado.

126

19 Tempo Pascal

O Tempo Pascal celebra o mistério da ressurreição de Cristo e os seus efeitos na comunidade cristã; sublinha, particularmente, a vida nova dos batizados e a construção da Igreja com a ação incessante do Espírito Santo.

"Os cinquenta dias entre o domingo da Ressurreição e o domingo de Pentecostes sejam celebrados com alegria e exultação, como se fossem um só dia de festa, ou melhor, como um grande domingo. É principalmente nesses dias que se canta o Aleluia. Os oito primeiros dias do Tempo Pascal formam a Oitava da Páscoa e são celebrados como solenidades do Senhor" (*Normas universais do ano litúrgico*, nn. 22.24).

A Noite Pascal inaugurou a Páscoa, que agora se estende durante sete semanas de vivência intensiva e deverá ser vivida como uma unidade, *como um grande domingo*; é tempo de alegria e exultação! Tampouco a Ascensão, celebrada no Brasil no 7º domingo da Páscoa, deverá dividir esse grande domingo. O dia de Pentecostes não será uma festa à parte, mas a sua plenitude e cumprimento.

Usa-se a cor branca.

1. A Páscoa de Cristo

Nesses cinquenta dias, celebramos a Passagem de Cristo (Páscoa) à sua nova vida. É o mistério central. Cristo Jesus passou em seu Mistério Pascal a uma nova forma de existência. Foi constituído "Senhor" e primogênito de toda a criação. Entrou definitivamente na esfera do Espírito e vive para o Pai.

E como esta "Passagem" o deu como Cabeça da nova humanidade, converteu-se em modelo e exemplo do que a Igreja inteira, a comunidade dos crentes, tem que realizar. Ele é o Irmão Maior, que percorreu o caminho à nova Vida. Ele, o "príncipe da Vida" (At 3,15), o "primogênito dentre os mortos" (1Cor 15). A Ele todos os cristãos devem seguir.

127

Esse tempo está relacionado com a experiência que os apóstolos fizeram do ressuscitado naqueles dias que sucederam o domingo da ressurreição e da sua força na comunidade cristã. A primeira leitura dos domingos deste Tempo será sempre extraída dos *Atos dos Apóstolos*, no qual se concentra a história da Igreja nascente.

Ascensão

O Cristo Pascal sobe em direção às nuvens do céu, símbolo da esfera divina. Cristo, se elevando da terra, penetra nos infinitos horizontes celestes. A Ascensão do Senhor é a proclamação da entronização de Cristo na casa de Deus, é um atingir a área divina excelente e perfeita, enquanto nós estamos aqui relegados na planície da terra, ancorados na plataforma do nosso horizonte terreno.

A semana que antecede a Pentecostes é dedicada à Semana de Oração pela Unidade dos Cristãos e é marcada pela preparação para a vinda do Espírito Santo – o grande Dom do Ressuscitado e o criador do novo Israel que agora se configura como a Igreja de Jesus Cristo nascida de sua Páscoa.

Pentecostes

O tempo da Páscoa se encerra com essa solenidade. O Pentecostes cristão é a Páscoa que dura cinquenta dias. Páscoa e Pentecostes estão estreitamente unidos, se requerem mutuamente e formam uma unidade, pois a ação do Cristo se realiza na força do Espírito: "Para levar à plenitude os mistérios pascais, derramastes, hoje, o Espírito Santo prometido" (Prefácio da solenidade de Pentecostes). O Espírito Santo é o amor do Pai e do Filho. O Espírito e Cristo agem juntos.

2. Espiritualidade

A celebração deste tempo nos conduz diretamente às alegrias da vitória de Cristo. A ressurreição de Cristo inaugurou uma nova época: "Se, outrora, conhecemos Cristo à maneira humana, agora já não o conhecemos assim. Portanto, se alguém está em Cristo, é criatura nova. O que era antigo passou; agora tudo é novo" (2Cor 5,16-17). É novo porque Jesus Cristo é o fundamento, aquele por quem fomos salvos, redimidos do pecado, resgatados das mãos da morte. Daí surge a nova condição do cristão como nova criatura.

O Tempo Pascal nos põe em contato com o Cristo ressuscitado, presente no meio de nós como Salvador. A Ressurreição do Senhor nos faz vencer o temor, cura nossas feridas e nos consola de nossas desilusões. O amor do Senhor não decepciona. Ele é derramado profusamente em nossa vida para que o experimentemos sempre mais em cada minuto de nosso dia.

Por isso, temos esperança, força de luta, paz, otimismo e sentido de vida. Anima-nos a confiança no Deus vivo e salvador. Somente o Senhor é capaz de preencher nosso coração, nos trazer a alegria duradoura, nos fazer capazes de perdoar e de nos relacionarmos com sinceridade. Somos felizes porque descobrimos um horizonte de vida plena até a eternidade.

Os cristãos desenvolvem na história a Páscoa de Jesus. Pode-se dizer que a Páscoa não está terminada: ela se cumpriu em nossa Cabeça, Cristo; porém ainda tem que se cumprir em nós. A passagem ao Pai, e à nova existência, continua em nós. A celebração da Páscoa é, pois, "colocar-se nela", aceitar seus motivos-força e deixar-se ressuscitar à nova vida pelo mesmo Espírito que ressuscitou Cristo dentre os mortos.

20

Tempo do Advento*

Quer dizer espera. O Advento se refere ao período das quatro semanas de preparação para a chegada do Salvador. Podemos, com todo o direito, imaginar a Mãe do Senhor grávida do Espírito Santo à espera do menino.

A peculiar situação de uma mulher grávida ajuda-nos a compreender melhor a salvação que a Igreja quer, de fato, nos fazer reviver neste tempo de preparação. Toda gravidez cria muitas expectativas. A chegada de uma criança não é passageira, vem para compor a família. Assim, logo pensamos: como as coisas vão ser com sua presença? Que novidade trará com seu modo de ser?

Ali, no esconderijo do ventre materno a vida é tecida no silêncio e no mistério de um segredo divino e grandioso demais para entendê-lo somente como resultado de um ato humano.

O tempo do Advento compara-se ao da gestação de Jesus, para que, em cada ano, a comunidade cristã e cada um dos cristãos formem o Cristo dentro de si. O Espírito Santo tornou fecundo o ventre de Maria para gerar e dar à luz o menino ao mundo; também Ele plasma o Cristo no coração de todo cristão.

Acolher o menino-Deus implica receber a salvação da qual é portador. Ele traz a novidade de uma vida plena, um jeito novo de viver e de se relacionar com as pessoas e o mundo. A liturgia do Advento é um cântico contínuo de *esperança*. Cria-se a alegre expectativa de sua chegada para cumprir as promessas de um mundo transformado pela justiça e pela fraternidade.

Mesmo usando paramentos da cor roxa, este tempo não tem caráter estritamente penitencial, mas de alegria e piedosa gratidão pela nossa salvação.

---

* Este capítulo teve a colaboração do Pe. Sidnei Fernandes Lima.

Veio, vem e virá

O Advento tem dupla estrutura:

- o *Advento da vinda definitiva*, que vai do primeiro domingo do Advento ao dia 16 de dezembro, inclusive;

- o *Advento natalício*, preparação mais imediata que se estende de 17 a 24 de dezembro.

"Revestido da nossa fragilidade, ele veio *a primeira vez* para realizar seu eterno plano de amor e abrir-nos o caminho da salvação. Revestido de sua glória, ele virá *uma segunda vez* para conceder-nos em plenitude os bens prometidos que hoje, vigilantes, esperamos (Prefácio do Advento I).

Na primeira parte do tempo do Advento comemoramos antecipadamente a reconciliação da criação e da natureza humana. Com os profetas reconhecemos o cumprimento das promessas de vida melhor, de novas relações entre as pessoas, porque o Messias inaugurou um tempo absolutamente novo. "Julgará os fracos com justiça, com retidão dará sentença em favor dos humilhados da terra. Castigará o opressor com a vara. O bezerro e o leãozinho pastam juntos, uma criança pequena toca os dois e vai brincar no buraco da cobra venenosa" (Is 11,4.6c.8).

Preparamo-nos para receber Aquele que implantará uma nova sociedade, uma nova forma de viver, "Os pobres buscam água e... nada! Então eu mesmo, o Senhor, vou olhar por eles! Rasgarei córregos nas montanhas áridas, nas baixadas abrirei olhos d'água, transformarei o deserto num brejo, a terra seca, em minas d'água" (Is 41,17-18).

Tudo aquilo que está morto vai adquirir nova vida, os rios de Deus transformam nossa secura e faz renascer a esperança. Por isso, a Palavra deste tempo continua a nos dizer: "Fortalecei esses braços cansados, firmai os joelhos vacilantes. Dizei aos aflitos: 'Coragem! Nada de medo! Aí está o vosso Deus, ele vem para vos salvar! Então os aleijados vão pular como cabritos" (Is 35,3-4.6a).

Na Bíblia, quando Deus visita seu povo é sinal de grandes transformações e mudanças; sua passagem é marcante e definitiva. "O Senhor acabou com a morte para sempre. Enxugará as lágrimas de todas as faces e, pela terra inteira, eliminará os vestígios da desonra do seu povo" (Is 25,8). Depois que Jesus ressuscita o único filho da viúva da cidade de

131

Naim, o povo, tomado de temor, conclui: "Um grande profeta surgiu entre nós, e Deus veio visitar o seu povo" (Lc 7,16).

Na primeira parte do Advento, a segunda vinda do Senhor fundamenta-se nos textos bíblicos do *juízo* e constitui o tema principal das orações: "Vós preferistes ocultar o dia e a hora em que Cristo, vosso Filho, Senhor e Juiz da História, aparecerá nas nuvens do céu, revestido de poder e majestade. Naquele tremendo e glorioso dia, passará o mundo presente e surgirá novo céu e nova terra" (Prefácio do Advento IA).

O evangelista João reconheceu: "Deus amou tanto o mundo que enviou seu único Filho para o salvar" (Jo 3,17). Com a vinda de Jesus encontramos o caminho que nos leva ao Pai; pelo Filho Deus feito homem, fomos reconciliados e já não nos perdemos em meio à malícia deste mundo.

Ao nos aproximarmos mais imediatamente do Natal, entramos na *segunda parte do Advento.* O Filho de Deus se encarnou na fraqueza da natureza humana, é aquele que veio na carne. Neste tempo, a liturgia tem o objetivo de nos introduzir na celebração do Natal do Senhor, no mistério de sua encarnação.

"Ó Deus, que revelastes ao mundo o esplendor da vossa glória pelo parto virginal de Maria, dai-nos venerar com fé pura e celebrar sempre com amor sincero o mistério tão profundo da encarnação" (primeira oração do dia 19 de dezembro).

Nos dias de semana, a partir do dia 17 de dezembro, a liturgia proclama os textos evangélicos da infância e a leitura contínua do primeiro capítulo de Lucas com o anúncio para Zacarias, para Maria, a narração da Visitação, o nascimento do Batista e a preparação para o nascimento de Cristo.

"Conhecemos uma tríplice vinda do Senhor. Entre a primeira e a última há uma vinda intermediária. Aquelas são visíveis, mas esta não. Na primeira vinda o Senhor apareceu na terra e conviveu com os homens. Foi então, como ele próprio declara, que o viram e não o quiseram receber. Na última, *todo homem verá a salvação que vem de Deus* (Lc 3,6) e olharão para aquele que transpassaram (Zc 12,10). A vinda intermediária é oculta e nela somente os eleitos o veem em si mesmos e recebem a salvação. Na primeira, o Senhor veio na fraqueza da carne; na intermediária, vem espiritualmente, manifestando o poder de sua graça; na última, virá com todo o esplendor da sua glória.

Esta vinda intermediária é, portanto, como um caminho que conduz da primeira à última; na primeira, Cristo foi nossa redenção; na última, aparecerá como nossa vida; na intermediária, é nosso repouso e consolação."[1]

O final e o início de cada ano nos convidam a pensar no que fizemos ao longo de 365 dias e nos projetar para o que está bem próximo de começar. A visita de Deus nos leva ao discernimento de nossos atos e projetos pessoais, pois Ele vem. Muitas paróquias e comunidades realizam celebrações penitenciais para os fiéis reverem suas atitudes, praticarem a conversão e, naquelas que contam com o presbítero, receberem o sacramento da penitência.

---

[1] SÃO BERNARDO, *Sermo 5 in Adventu Domini*. In: *Liturgia das Horas*. Tempo do Advento e Tempo do Natal. São Paulo. v. 1, pp. 137-138.

21 Tempo do Natal*

A tradição do Natal que chegou até nós veio marcada pela matriz europeia. O papai-noel procede deste ambiente; atribui-se sua origem a São Nicolau, o bondoso bispo de Mira, na Turquia, que viveu no século IV e impediu que três moças pobres caíssem na prostituição, ao ajudar a família jogando uma bolsa com moedas durante três noites. O seu culto difundiu-se também na Itália no século XI, quando na cidade de Bári lhe foi dedicada uma basílica. No entanto, mesmo com uma tradição tão bela, atualmente, o papai-noel acabou sendo assimilado pelo consumo e reduzido ao bom velhinho distribuidor de presentes.

O que celebramos durante o Tempo do Natal? O povo cristão responde sem hesitação: "Festejamos o nascimento de Jesus Cristo". Seguramente, se refere à figura da criança na manjedoura da gruta de Belém, rodeada de animais e pastores, com os magos lhe trazendo presentes. Muitas pessoas se detêm somente na ternura do presépio, que cria na noite e no tempo do Natal uma atmosfera sentimental de ingênua devoção a um fato único da vida de Jesus.

Jesus existiu historicamente, nasceu no tempo em que Quirino era governador da Síria (cf. Lc 2,2), porém não podemos comemorar esta data como se fosse apenas seu aniversário. Se pensarmos assim, esvaziamos o significado salvador da *encarnação* do Filho de Deus. Hoje é comum comemorarmos o Natal sem uma ligação com seu sentido religioso. Ganhamos uma data festiva de confraternização, de reunião familiar e de consumo.

Mas será que a liturgia do Tempo do Natal se resume a isso?

1. O que celebramos no tempo do Natal?

Da véspera do Natal do Senhor até a festa do Batismo do Senhor, comemoramos o nascimento do Senhor, em que celebramos "a troca de

---

* Este capítulo teve a colaboração do Pe. Sidnei Fernandes Lima.

dons entre o céu e a terra", pedindo que possamos "participar da divindade daquele que uniu ao Pai a nossa humanidade".

A transformação que a Igreja contempla no mistério do Natal é o fato de Deus possibilitar à humanidade participar da vida divina por meio da filiação adotiva que Jesus nos concedeu: "Deus enviou seu Filho, nascido de mulher [...] para todos recebermos a dignidade de filhos" (Gl 4,4). A salvação entra definitivamente em nossa história através do menino que nasceu em Belém e que se revela ao ser visto pelos pastores e pelos magos e ao ser batizado por João Batista nas águas do Jordão.

De Belém ao Calvário

Deus manifesta-se por meio da encarnação do seu Filho no seio de Maria e por obra do Espírito Santo. O início de sua manifestação é o seu nascimento segundo a carne, e será plena com sua morte-ressurreição--ascensão e efusão do Espírito Santo; e culminará em sua segunda vinda no fim dos tempos.

A finalidade da encarnação não pode ser outra que a redenção do ser humano que se cumprirá na Páscoa. Encontramos o Senhor hoje, ressuscitado e presente no memorial de sua morte e ressurreição. Para celebrarmos o Natal do "Emanuel" (Deus conosco), é necessário passar pela Páscoa na Eucaristia. No ciclo do Natal, assim como no ciclo da Páscoa, celebra-se o mistério da redenção: Jesus Cristo, o Deus feito homem que sofre a paixão e a morte para a nossa salvação.

A noite santa de Natal, que inaugura e prepara a noite da Páscoa, é iluminada pela luz da ressurreição. "Ó Deus, que fizestes resplandecer esta noite santa com a claridade da verdadeira luz, concedei que, tendo vislumbrado na terra este mistério, possamos gozar no céu sua plenitude" (Primeira oração da missa da noite).

O Verbo feito homem é a luz que nos leva ao conhecimento de Deus. Do Deus visível em nossa carne "aprendemos a amar nele a divindade que não vemos". O mistério do Natal não é simplesmente resplendor que cega os olhos, mas luz que transforma: "Quando o vosso Filho se fez homem, nova luz da vossa glória brilhou para nós" (Primeiro prefácio do Natal). É ao mesmo tempo transcendência e encarnação, separação e intimidade, santidade infinita e comunhão com o pecador... Um mistério da iniciativa divina, da "bondade de Deus, nosso Salvador, e do seu amor pela humanidade" (Tt 3,4).

Contemplamos pela encarnação o maravilhoso encontro da vida divina com a humana. "No momento em que vosso Filho assume nossa fraqueza, a natureza recebe uma incomparável dignidade: ao tornar-se ele um de nós, nos tornamos eternos" (Terceiro prefácio do Natal).

A transformação que a Igreja contempla no mistério do Natal é o fato de Deus possibilitar à humanidade participar da vida divina por meio da filiação adotiva que Jesus nos concedeu.

Como também reza a liturgia: "Admirável intercâmbio! O Criador da humanidade, assumindo corpo e alma, quis nascer de uma Virgem. Feito homem, nos doou sua própria divindade!" (I vésperas da Solenidade de Santa Maria, Mãe de Deus). Assim, o Natal do menino-Deus já aponta para a nossa redenção que acontece na cruz.

2. Solenidade do Natal do Senhor

Natal é a celebração de um acontecimento salvador, que a Igreja proclama todos os anos em meio de uma alegria tão doce e íntima como a da Virgem na gruta de Belém, tão festiva e orante como a dos anjos no céu da noite santa. A grande mensagem do Natal são as palavras do início do evangelho de São João: "O Verbo se fez carne, e habitou entre nós" (Jo 1,14). O Filho único de Deus assume a nossa natureza humana sendo igual a nós em tudo menos no pecado. Tornou-se um de nós, para salvar a humanidade mergulhada no pecado. Quando este mistério é rezado no Creio da missa do dia de Natal, toda a assembleia se prostra em adoração.

"Hoje, amados filhos, nasceu o nosso Salvador. Alegremo-nos. Não pode haver tristeza no dia em que nasce a vida; uma vida que, dissipando o temor da morte, enche-nos de alegria com a promessa da eternidade.

Ninguém está excluído da participação nesta felicidade. A causa da alegria é comum a todos, porque nosso Senhor, vencedor do pecado e da morte, não tendo encontrado ninguém isento de culpa, veio libertar a todos. Exulte o justo, porque se aproxima da vitória; rejubile o pecador, porque lhe é oferecido o perdão; reanime-se o pagão, porque é chamado à vida."[1]

Espiritualidade

Muitas vezes acontece o que alerta a sabedoria do povo: "Cuidado para não dar banho na criança e jogá-la fora junto com a água". A euforia da compra dos presentes torna-se mais importante e acaba obscurecendo a alegre notícia comunicada pelo anjo aos pastores: "Hoje, na cidade de Davi, nasceu para vós o Salvador, que é o Cristo Senhor!" (Lc 2,11). O nascimento de Jesus nos convida a nos centrarmos no essencial – a salvação que Ele traz; pois Ele é a manifestação do Pai e do Espírito Santo.

A grandeza da capital Jerusalém e a corte de Herodes não abrigaram o Salvador. A simplicidade da gruta de Belém ou mesmo a humildade dos pastores nos convidam a acolher em oração o mistério do menino-
-Deus e o Reino que Ele inaugura com os pobres. Compreendemos que a mensagem do Natal é a "Glória a Deus no mais alto dos céus, e na terra, paz aos que são do seu agrado!" (Lc 2,14). É a Boa-Nova do amor e da esperança, pois Deus se faz solidário com nossa pobreza e nos visita... tudo bem diferente da agitação dessa época.

Juntamente com Maria, José e João Batista, aprendemos a escutar a Palavra de Deus e a aderir ao projeto de Deus em nossa vida. Sua chegada nos faz ver o mundo com outros olhos. Sua luz nos faz ver a necessidade da justiça, a urgência da caridade e a beleza da fraternidade. Este tempo nos orienta a receber essa contínua novidade de vida, que é o Senhor, para estabelecermos novas relações com os que estão à nossa volta, para percebermos um mundo mais humanizado, com sentido de respeito ao outro, na construção da paz e superação daquilo que destrói a natureza e a vida. A visita dos magos a Belém marcou de tal modo a vida deles, que retornaram a seus países de origem por outro caminho. Todo verdadeiro encontro com Cristo é renovador, porque a experiência de Deus não é repetível. Somos, sempre de novo, convidados a percorrer nova estrada, vida nova, retomada com nova graça divina.

---

[1] LEÃO MAGNO, Ofício de Leituras do Natal do Senhor. In: *Liturgia das Horas*, v. I, p. 362.

"Toma consciência, ó cristão, da tua dignidade. E já que participas da natureza divina, não voltes aos erros de antes por um comportamento indigno de tua condição. Lembra-te de que cabeça e de que corpo és membro. Recorda-te que foste arrancado do poder das trevas e levado para a luz e o reino de Deus."[2]

---

[2] LEÃO MAGNO, Ofício de Leituras do Natal do Senhor. In: *Liturgia das Horas*, v. I, p. 362.

22 Tempo Comum

São 33 ou 34 semanas em que evocamos o mistério de Cristo em sua plenitude: o que Cristo fez e disse para nossa salvação, sua pregação e os sinais, sua morte e ressurreição.

Durante o Tempo Comum são celebradas quatro solenidades: Santíssima Trindade, Corpo e Sangue de Cristo, Sagrado Coração de Jesus e Cristo Rei do Universo, que encerra o Tempo Comum, aprofundando a realeza de Cristo e a realidade plena da vida eterna.

A cor litúrgica é o verde, que simboliza a esperança. Dia após dia, o cristão converte-se e conscientiza-se de seus deveres através da participação autêntica nas celebrações dominicais.

1. Comemoração da Virgem Maria e dos Santos

"No ciclo anual, a Igreja, celebrando o mistério de Cristo, venera também com particular amor a Santa Virgem Maria, Mãe de Deus, e propõe à piedade dos fiéis as memórias dos Mártires e outros Santos" (*Normas universais do ano litúrgico*, n. 8).

Na liturgia reformada depois do Concílio Vaticano II, Maria foi recolocada em íntima relação com o mistério de Cristo e da Igreja. A tal mistério Maria pertence como presença ativa, com sua cooperação materna – desde a Encarnação até Pentecostes – e nesta obra do Filho permanece, todavia, ativa e presente no tempo da Igreja. Portanto, a Igreja não pode esquecer a presença daquela que a obra de Cristo foi associada e continua unida. Maria está indissoluvelmente unida a esta obra, da qual a liturgia é memorial, presença e atualização na história até sua vinda gloriosa.

Deve-se especialmente à Exortação *Marialis Cultus,* de Paulo VI, a referência à exemplaridade de Maria para a Igreja: na escuta da Palavra, na oração, na maternidade, na oferenda sacrifical (nn. 17-20) e no prolongamento da liturgia na vida como culto espiritual de toda a existência enquanto cumprimento da vontade do Pai (n. 21).

No correr do ano litúrgico, há três tipos de celebrações marianas: as solenidades, as festas e as memórias. *As solenidades*, como o nome indica, constituem as celebrações mais importantes, com um sabor especial. Em todo o mundo elas são quatro, havendo uma quinta específica para o Brasil:

- Maria, mãe de Deus (1º de janeiro),
- Anunciação (25 de março),
- Assunção (15 de agosto),[1]
- Imaculada Conceição (8 de dezembro),
- Conceição Aparecida (12 de outubro).

As principais festas marianas são a Visitação (31 de maio) e o nascimento de Maria (8 de setembro). Para a América Latina, a memória de Nossa Senhora de Guadalupe (12 de dezembro) se transformou em festa, pois ela foi proclamada padroeira de nosso continente.

Por fim, temos uma série de *memórias*, como:

- Nossa Senhora das Dores (15 de setembro),
- Nossa Senhora de Lourdes (11 de fevereiro),
- Nossa Senhora do Carmo (16 de julho),
- Nossa Senhora do Rosário (7 de outubro).

Uma celebração de memória pode ser, para determinada Igreja local ou comunidade, festa ou solenidade.

Os Santos, Mártires e Virgens, exemplares seguidores de Cristo, intercedem por nós junto a Deus, além de nos estimular a viver o Evangelho por seu testemunho de fé e de fortaleza nos sofrimentos. A liturgia os celebra como padroeiros e lhes dedica um calendário próprio chamado *Santoral*, com datas fixas durante o ano.

---

[1] No Brasil, para facilitar a participação do povo, se comemora no domingo seguinte.

Indicações específicas

Dias de guarda, dias de festa, dias de preceito, festas de preceito – são dias em que os fiéis têm a obrigação de participar da missa, devendo abster-se das atividades cotidianas que impeçam o culto a Deus. O domingo é o dia de festa por excelência. As festas de preceito no Brasil são:

- Natal do Senhor (25 de dezembro),

- Santíssimo Corpo e Sangue de Jesus (*Corpus Christi*, quinta--feira após do Domingo da Santíssima Trindade),

- Santa Maria Mãe de Deus (1º de janeiro),

- Imaculada Conceição de Nossa Senhora (8 de dezembro).

23
Ofício Divino

Nossa vida é tecida pelas relações que estabelecemos com amigos, familiares, namorado(a)... Alternamos entre estar só e conviver rodeado de pessoas, particularmente as que amamos e nos ajudam a crescer. Este contato proporciona o diálogo e colabora para sairmos de nossa forma própria de pensar e enxergar outros caminhos e novas possibilidades que antes não víamos com clareza.

No plano espiritual, acontece a mesma coisa. Pelo Batismo, somos filhos de Deus e membros do corpo de Cristo, a sua Igreja. Daí vêm a necessidade e o conforto de poder dirigir em Cristo nossa prece ao Pai, na força do Espírito Santo. *É imprescindível exercer nossa relação filial com o Pai*, numa conversa amorosa, atenta e providente.

Por ser humano, Jesus crescia em idade, sabedoria e graça (cf. Lc 2,52). No diálogo cordial que mantinha com o Pai, aprendeu a conhecer sua vontade e sua missão entre os seus e até mesmo o mistério que envolvia sua pessoa de ser homem e Deus ao mesmo tempo. Os evangelhos apresentam Jesus orando: quando o Pai revela sua missão (Lc 3,21-22), antes de chamar os apóstolos (Lc 6,12), ao bendizer a Deus na multiplicação dos pães (Jo 6,11), ao se transfigurar no monte (Lc 9,28-29), quando cura o surdo-mudo (Mc 7,34) e ressuscita Lázaro (Jo 11,41s), antes de solicitar a confissão de Pedro (Lc 9,18), ao abençoar as crianças (Mt 19,13), e quando roga por Pedro (Lc 22,32).

"Sua atividade cotidiana está muito ligada à oração. Mais ainda, como que brotava dela, retirando-se ao deserto e ao monte para orar, levantando-se muito cedo ou permanecendo até a quarta vigília e passando a noite em oração a Deus."[1]

Jesus participou das orações que eram comuns no judaísmo de sua época e ensinou seus discípulos a orar. Máximo exemplo, nós percebemos no horto das oliveiras, antes de sua Paixão: "De joelhos, começou

---

[1] *Instrução Geral sobre a Liturgia das Horas*, n. 4.

a orar. 'Pai, se quiseres, afasta de mim este cálice; contudo, não seja feita a minha vontade, mas a tua!' Apareceu-lhe um anjo do céu, que o fortalecia. Entrando em agonia, Jesus orava com mais insistência. Seu suor tornou-se como gotas de sangue que caíam no chão" (Lc 22,41b-44).

Aprendemos com Jesus que, se quisermos conhecer os caminhos de Deus, devemos "orar sempre e nunca desistir" (Lc 18,1; 21,36) e o apóstolo Paulo repete que devemos "orar sem cessar" (1Ts 5,17). Isto é: rezar com insistência e convicção de que o Senhor age em nosso favor, mesmo quando as coisas não acontecem do jeito que queremos. Devemos ter força na reza, assim como conclui o personagem sertanejo de Guimarães Rosa: "Você sabe que quando a gente reza, reza, reza, mesmo no fogo do medo, o medo então vai s'embora, se a gente rezar sem esbarrar?".

Já que somos fracos e precisamos de força para viver, o escritor se dá conta de que a oração revela nossa sanidade juntamente com o amor e a coragem: "Tu não acha que todo o mundo é doido? Que um só deixa de doido ser é em horas de sentir a completa coragem ou o amor? Ou em horas em que consegue rezar?".

A busca de uma realização humana mais plena põe a nu nossas incapacidades, somos rodeados de limites por todos os lados. Queremos ser felizes de fato! Por isso lutamos contra a doença, a falta de dinheiro, a depressão, a falta de amor... Precisamos de uma força maior que nos impulsione a superar nossa fraqueza. A oração cheia de fé nos posiciona no caminho de Deus, nos fazendo encontrar o princípio e a força da vida nele.

1. O que são os Salmos?

Jesus, os apóstolos e os primeiros cristãos frequentaram a oração do templo (At 3,1-11) e observaram a prática judaica de rezar em horas determinadas do dia. A santificação do dia inteiro acontece com o ritmo das orações da manhã e da tarde marcadas com a oração dos Salmos, a mais legítima expressão orante encontrada na Bíblia e utilizada tantas vezes por Jesus.

Temos na Bíblia o Livro dos *Salmos*, numerados de 1 a 150. Essas orações foram escritas aos poucos e refletem a experiência que Israel fez de Deus ao longo de sua história durante o exílio com o sofrimento, a doença, a aparente vitória do ímpio… Por isto, o salmista ousa erguer sua voz de súplica, lamento, intercessão e arrependimento. Ao mesmo tempo, a oração dos Salmos reconhece a ação salvífica e misericordiosa de Deus e por isso transborda em louvor, ação de graças pela maravilha da criação e do reconhecimento de seu braço forte e de sua mão estendida contra os inimigos do Povo de Deus.

Cada um dos Salmos reza uma situação particular vivida pelo orante. Às vezes, é um doente que implora cura, ou então alguém que efusivamente agradece ou pede perdão por seus pecados.

Para encontrarmos o sentido pleno dos Salmos, olhamos para Cristo, o Filho único do Pai, que com seu sacrifício na cruz realizou todas as promessas e é capaz de apresentar nossos louvores e súplicas ao Pai e de cumprir os anseios das pessoas de todos os tempos.

"Tudo o que foi dito nos Salmos deve ser entendido de tal modo que, seja qual for a pessoa pela qual o espírito da profecia fale, esta se refere ao conhecimento da vinda de Jesus Cristo, sua encarnação, sua paixão e seu reinado, e ao poder e à glória de nossa ressurreição."[2]

Ele, quando esteve entre nós, rezou os Salmos e várias vezes os citou em sua pregação com um sentido novo. Na cruz: "Meu Deus, meu Deus, por que me abandonaste?" (Sl 22,2; Mt 27,46); quando expulsou os vendilhões do templo: "Pois o zelo de tua Casa que me devora" (Sl 69,10; Jo 2,17). Jesus orou ao Pai por meio dos Salmos.

Uma boa maneira de rezar os Salmos é colocar Jesus Cristo no "eu" do Salmo, ou seja, identificar o salmista com Jesus, que diz a oração ao Pai. Por exemplo, o Sl 69,2.22 diz: "Salva-me, ó Deus, pois a água sobe até o meu pescoço. Quando tive sede deram-me vinagre". Neste ponto, podemos nos recordar de Jesus na cruz, quando ao gritar que tinha sede lhe deram uma esponja embebida com vinagre (Jo 19,28-30).

O segundo caminho para cristificar os Salmos é colocar Cristo no "tu" do Salmo. Por exemplo, no Salmo 2, meditado também na Sexta-Feira Santa, podemos ver Cristo como seu grande personagem: "Os reis da terra se insurgem e os poderosos fazem aliança contra o Senhor e

---

[2] HILÁRIO DE POITIERS, *Tratado sobre os Salmos*, introdução, n. 6.

contra seu Ungido" (v. 2) e "Tu és o meu Filho, eu hoje te gerei!" (v. 7); ou então, o Salmo 7: "Tu que sondas mente e coração, ó Deus justo" (v. 10).

Alguns Salmos estão escritos na primeira pessoa, "eu", pois se dirigem diretamente ao Senhor. Na maioria das vezes, o orante é um personagem coletivo, ou seja, é o próprio povo que reza e agradece em reconhecimento à maravilhosa ação de Deus no destino de sua história, particularmente nos acontecimentos da Páscoa, quando Deus salvou o povo da escravidão do Faraó. Nestas orações, o povo manifesta, sobretudo, sua plena adesão ao Senhor e confiança nele, o qual nunca o abandonou, pois ele, o Deus fiel, fez uma aliança para sempre: *Serei o vosso Deus e vós sereis o meu povo!* (Lv 26,12).

A oração sálmica educa nossa maneira de orar. É comum a oração bíblica começar pelo *louvor* ou *ação de graças a Deus* por sua ação bendita em favor do seu povo ou de uma pessoa, ao reconhecer o universo de graça e bondade divinas que rodeiam o ser humano. Outro movimento nasce da constatação da fragilidade, pequenez humana, e daí advém o *pedido de perdão ou de súplica*: "Senhor, piedade". Depois, a oração costuma apresentar o seu real *pedido em favor do orante, ou do povo.*

Oração da Igreja

A Igreja encontrou uma forma própria de rezar os Salmos intercalados com leitura bíblica, hinos, preces e antífonas, a chamada "salmodia", que varia de acordo com a hora e o dia da semana. Esta oração chama-se Liturgia das Horas ou oração do Ofício Divino. A tradição da Igreja consagra ao Senhor todo o curso do dia e da noite para a santificação do dia e de toda a atividade humana. As horas mais importantes são a da manhã, chamada *laudes*, e a da tarde, *vésperas*.

No Brasil, temos o *Ofício Divino das Comunidades*,[3] uma versão popular da Liturgia das Horas. Trata-se de uma referência de oração comunitária que une as riquezas da antiga tradição da Igreja e as experiências de fé de nossas comunidades, em diálogo com a piedade popular. "É proposta de oração eclesial e popular, bíblica e litúrgica que ajuda a unir

---

3   *Ofício Divino das Comunidades.* São Paulo: Paulus, 1994.

fé em Deus e vida cotidiana, escuta e prece. Responde também à busca atual de interioridade e de mística".[4]

Para salmodiar

1. Evite adaptações poéticas ou paráfrases; prefira o texto bíblico do Salmo.

2. Procure repetir ou cantar em forma de refrão meditativo os versículos que mais chamam a sua atenção.

3. Perceba os sentimentos do salmista e os assuma como próprios.

Os Salmos na catequese

Iniciar os catequizandos na oração dos Salmos é uma grande tarefa que também é estendida à catequese. Esta oração nos educa: a considerar a primazia da ação de Deus em nossa vida; a colocar nossos pedidos em segundo lugar; a rezar em comunidade, a não nos fecharmos em nossas necessidades; a louvar e agradecer antes de pedir perdão e suplicar pelas necessidades.

Assim, aprendemos a pedir não somente por nossas necessidades individuais, mas por todos os irmãos, e reconhecemos a ação de Deus sobre a Igreja inteira, que caminha na história conduzida pelo Senhor. Por todos esses motivos, os Salmos ganham precedência em nossa forma de orar e são muito indicados para a oração em grupo.

Na catequese, comecemos pelos Salmos mais conhecidos ou, então, façamos como na liturgia da missa dominical, quando o Salmo meditado com um responso é um eco do tema abordado na primeira leitura. Assim, fica fácil compreendê-lo.

---

[4]   Cf. CARPANEDO, Penha. Uma introdução. In: *Ofício divino das comunidades*. São Paulo: Paulinas, p. 9.

Claudio Pastro

Mistagogia do espaço litúrgico

24 Edifício da igreja

1. O lugar do acontecimento

Quando aos domingos levanto, preparo-me e vou à igreja de minha comunidade, está se dando um grande fato: sem me dar conta, aos poucos, minha vida vai sendo tecida, sou ajudado a passar por esse mundo, e já, aqui e agora, no lugar da minha igreja, percebo que pertenço a um grande povo.

Muitas vezes, ao passar e avistar esses edifícios diferentes, vem-me à lembrança este grande acontecimento: vivo na terra mas sou cidadão do céu. De onde?

Ah! Se não fossem esses lugares! Como me lembraria da grandeza de ser cristão e alegrar-me-ia com o fato de que nossa vida é maior que os dramas imediatos que nos sufocam?

As paredes desse lugar, silenciosamente, falam, gritam a verdade da vida, dão sentido à vida; aí sou acolhido, orientado a recomeçar e renascer sem me desesperar perante os apelos do mundo. De fato, esse é o lugar da antecipação do Paraíso Prometido.

2. O lugar do encontro

Esse é o lugar onde celebramos o Mistério Pascal, isto é, a Nova Aliança de Deus conosco. Nele, Jesus mesmo nos convida e nos congrega como irmãos, filhos do mesmo e único Pai. Não só nos reunimos como Assembleia, mas também como elementos do Corpo Místico de Cristo. Com os irmãos, sou parte de um único povo, de uma Nova Humanidade, e a harmonia do lugar, o silêncio, o jeito da construção, o comportamento, a postura dos cristãos aí revelam ser esse o lugar do encontro com o Senhor Jesus e com toda a multidão que nos precedeu na fé. Só aí experimento a paz que o mundo não pode dar.

Um espaço sagrado

Por que construímos igrejas se Deus está em toda parte? Por que os muçulmanos constroem mesquitas? Os budistas, pagodes? Os judeus, sinagogas...? Por que os homens constroem "espaços sagrados"? Existem "espaços sagrados"? O que é um "espaço sagrado"?

O universo, a morada do Criador

O universo é a morada de Deus. Deus não precisa que construamos espaços para ele. Assim, deduzimos que o universo é sagrado e nós é que moramos no espaço d'Ele.

"A beleza das criaturas nos faz, por analogia, contemplar o seu autor" (cf. Sb 13,3).[1]

O templo, um microcosmo

O ser humano corrompe o universo: tira dos elementos da natureza, não só para as suas necessidades, mas para sua ganância, egoísmo, soberba. Não respeita a vida, torna-se violento e quer ser dono do seu irmão. Porém, Deus se manifesta em alguns lugares e pessoas e, assim, o homem separa esse lugar do resto corrompido e dedica-o, exclusivamente, para Deus: é o templo.

Templo = separado, colocado à parte, dedicado...

Contemplo = junto-me ao separado, àquilo que é de Deus e não corrupção.

Em geral, os templos construídos pelo homem são cópias da natureza. Exemplos: as colunas são árvores da floresta, plantas, frutos, flores, animais em pedra, madeira, pinturas, vidros...

Aí o homem usa a pedra, a água, o fogo... em seus rituais. O homem cria um espaço cópia da natureza e busca se recuperar em contato com esses elementos.

---

[1] "Se, encantados por sua beleza, tomaram essas criaturas por deuses, reconheçam quanto o seu Dominador é maior do que elas: pois foi o Princípio e Autor da beleza quem as criou" (Sb 13,3).

A montanha indica-nos as coisas do alto, que tocam o céu e não as baixezas.

Igualmente são grutas onde nos aconchegamos.

A pedra nos dá sentimento de força, segurança e estabilidade.

A terra (e não o plástico) é o elemento de nossa própria composição.

"Iahweh Deus modelou o homem com argila do solo e insuflou em suas narinas um hálito de vida" (Gn 2,7).

O ar, a luz, o fogo, a água, as plantas, os animais,... o silêncio, são criaturas de Deus que, em contato, nos refazem.

"Deus viu tudo que tinha feito: e era muito bom" (Gn 1,31).

3. O que é o espaço sagrado?

Os espaços colocados à parte, circunscritos, dedicados às coisas de Deus são chamados: *sagrados*.

"Moisés [...], tira as sandálias dos pés, porque o lugar em que estás é uma terra santa" (Ex 3,5).

"Tomar-vos-ei por meu povo, e serei o vosso Deus" (Ex 6,7).

"O batizado é colocado à parte, em relação a todos os homens, e consagrado só a Deus."

Igreja, batistério e torre dos sinos (projeto de Claudio Pastro para a Paróquia Nossa Senhora da Conceição, Cidade Velha, Belém-PA).

O espaço sagrado (arquitetura, escultura, pintura, música... o homem) é um microuniverso redimido, reorganizado, onde há unidade entre o conteúdo (Espírito) e forma (matéria) e essa *unidade representativa* reflete na unidade do meu ser, daquele que o contempla.

O espaço sagrado revela-nos a unidade e beleza de Deus ou é um espaço distorcido, caótico, com os mesmos elementos mundanos.

Muitos cristãos, em suas pessoas, assim como muitas de nossas igrejas, não manifestam a grandiosidade de seu Deus.

O espaço/imagem é o indicativo da presença e sinal do invisível entre nós

Nossas imperfeições, vaidades e mesquinhezes não são reflexos, imagens do Senhor.

"Façamos o homem à nossa imagem e semelhança" (Gn 1,26).

Liturgia e arquitetura, pintura, adornos, músicas... fazem uma só e única celebração; há uma profunda correspondência entre Espírito e matéria, pois divorciados não cumprem seu objetivo: nos tornarmos *Um* com *Aquele* que celebramos, o Sagrado.

A matéria, o corpo divinizado, é sinal de nossa pertença ao Senhor; do contrário, somos nós mesmos os senhores de tudo e de todos.

"Sede santos comigo, pois eu, o Senhor, sou Santo e vos separei para serdes meus" (Lv 20,26).

Só nessa ótica poderemos reconhecer tudo e todos, o universo como morada do Deus Vivo, e o celebrarmos.

"Não mais nesse monte o adorareis [...], mas em espírito e verdade" (Jo 4,21.24).

Deus está aqui conosco

"Jesus Cristo é a imagem visível do Deus Invisível" (Cl 1,15).

O nascimento do Filho de Deus é o momento do nascimento da imagem sacra (o espaço sagrado). A igreja, espaço onde nos reunimos, é a extensão da celebração, do Mistério Pascal que acontece na ação litúrgica, sinal da presença viva e visível do Ressuscitado e seu Espírito entre nós.

> "Onde dois ou três estiverem reunidos em meu nome, aí estarei no meio deles" (Mt 18,20).

Assim, não se trata de qualquer espaço com sentimentalismos ou tema religioso. O lugar está carregado da presença do invisível ou é trama humana e comercial, idolatria.

Portanto, cada coisa em seu lugar e ao seu tempo, segundo o Memorial pedido pelo próprio Senhor.

> "O que era visível em nosso Redentor passou agora para os mistérios" (São Leão Magno).

4. A função do espaço sagrado

Sua função é reconstituir a minha imagem quebrada para atingir minha imagem primeira.

> "À imagem e semelhança" (Gn 1,26).

O espaço sagrado faz memória (sinal) para nós da grandeza daquilo que somos: batizados, filhos de Deus, Cristo no Cristo, cristãos.

O cuidado com a beleza e a unidade do espaço onde celebramos o Senhor faz-nos participar, por antecipação do *gozo futuro*, escatológico, do Reino Prometido aqui e agora. Do contrário, sempre seremos frustrados. Não esqueçamos: é o Senhor quem celebra em nós. Do contrário, nossa celebração não passa de coisa mundana.

O ilimitado emerge do limitado

O infinito é atingido pelo finito, ou seja, numa pequena capela (espaço sagrado) fazemos já experiência da plenitude, somos acolhidos na família de Deus.

> "Eu morando neles, me exaltarão eternamente" (Sl 5,12).

O espaço sagrado é mistagógico

Ou seja, nos conduz ao centro (Deus) de nós mesmos. Não é uma sala qualquer, pois aí as paredes, os materiais, os sons, a postura das pessoas... tudo nos revela o Deus encarnado, Jesus Cristo, homem e Deus:

> "Quem me vê, vê o Pai" (Jo 12,45; 14,9).

> "Eu vejo os céus abertos" (At 7,56).

Assim, espaço mistagógico é aquele que nos conduz, nos introduz no Mistério, em Deus, centro de nossas vidas, a fim de sermos *Um* com Ele.

Visualizando o espaço cristão (a igreja, o cristão), vemos Jesus e quem o enviou. Do contrário, esse espaço é contratestemunho, não anuncia nada, é mentira.

5. Por que construir edifícios-igrejas hoje?

O próprio Senhor indicou-nos como deve ser o espaço para celebrar a Páscoa. Para nós, cada celebração eucarística (a Santa Missa) é uma Páscoa.

"Chegou o dia dos Pães sem fermento, quando se devia sacrificar o cordeiro pascal. Jesus mandou Pedro e João, dizendo: 'Ide fazer os preparativos para comermos a ceia pascal'. Eles perguntaram: 'Onde queres que a preparemos?' Jesus respondeu: 'Quando entrardes na cidade, virá ao vosso encontro um homem carregando uma bilha de água. Segui-o até a casa onde ele entrar e dizei ao dono da casa: 'O Mestre manda perguntar: Onde está a sala em que poderei comer a ceia pascal com os meus discípulos?' Ele então vos mostrará uma grande sala arrumada, no andar de cima. Preparai ali'. Eles foram, encontraram tudo como Jesus tinha dito e prepararam a ceia pascal" (Lc 22,7-13).

Como se pode notar, é um comandamento do Senhor o "espaço bem arrumado", com requinte e determinação.

"Alguns fariseus da multidão lhe disseram: Mestre, repreende teus discípulos. Ele lhes respondeu: Eu vos digo, se eles se calarem, as pedras gritarão" (Lc 19,39-40).

O Senhor, sendo aclamado por seus discípulos ao entrar em Jerusalém, montado num jumentinho, recebe uma reprovação por parte dos fariseus. Mas a resposta do Senhor revela-nos o sentido das pedras, "da construção" como extensão-testemunho daquilo que somos: um espaço gratuito para celebrarmos a gratuidade da vida pelo ritual.

A Páscoa Cristã, como Aliança Memorial, é coisa séria e exige de nós preparação, inclusive material, pois não é um ato qualquer mas sempre novo, com a presença do Senhor, cujos protagonistas somos nós, pois a celebração é não só para o louvor mas, também, para a nossa felicidade.

São Bernardo, fundador dos Monges Cistercienses, nos responde à pergunta a respeito do espaço sagrado:

"Que espaço é esse? Esse espaço é você".

O centro, a comunhão, a unidade

"A Palavra se fez carne e habitou entre nós" (Jo 1,14).

Toda a revelação cristã decorre do princípio da *Encarnação*, mistério central da nossa fé.

Deus mesmo, na hora do *nascimento terreno de seu Filho*, quebra com a proibição veterotestamentária de fazer sua imagem (Dt 4,12.15), sob o perigo de criar uma idolatria, um falso deus. Ele próprio apresenta-nos a sua imagem, aquela que restaura o homem, Jesus Cristo, o *Novo Adão*, de uma nova criação de redimidos em que Maria é a *Nova Eva*.

O centro de nossa fé e o centro que visualizamos no espaço da celebração litúrgica é um só: Jesus Cristo. Portanto, o espaço-igreja leva todos os irmãos a uma convergência: filhos do mesmo Pai, em comunhão, Corpo Místico de Cristo, Igreja Esposa.

Cuidado com o excesso de devoções pessoais ou regionais que mascaram, distorcem e se distanciam do centro e da essência de nossa fé: Jesus Cristo, o único que nos santifica, sacraliza.

Cuidado com gostos estéticos subjetivos, de moda, que não permitem ao Senhor se manifestar como o totalmente Outro, espaços que mais parecem "casas de dondocas" com cadeiras, lustres, rendinhas... demasiadamente humanos e até mundanos.

Cuidado com espaços-igrejas que mais se parecem com grandes magazines, teatros (poltronas), lugares esportivos que não testemunham segundo o exterior, Jesus Cristo.

Cuidado com prédios luxuosos ou cópias de monumentos do passado ou folclóricos que mais dividem que unem.

"Quando entro numa igreja fico rezado"

Essa expressão revela-nos um *espaço teofânico*, isto é, a construção, pela sua objetividade e simplicidade, deu lugar para Deus se manifestar, pois o espaço ou acolhe Deus em seu mistério celebrado ou é fruto apenas de maquinações e realizações humanas que não levaram em conta a nossa história de salvação e a atualização da liturgia-presença do Senhor em nós.

A igreja, espaço de Deus em nosso meio, decorre mais de uma comunidade orante, de escuta da Palavra e de partilha eucarística, e menos de muitos programas ativos e apoios em modernos meios técnicos e de comunicação que mais calam a boca de Deus do que nos fazem templos vivos,

Palavra Viva d'Aquele que é o Senhor de tudo e de todos. Atenção! Quando os meios são maiores que o Princípio e Fim de tudo, algo está errado.

"Eu sou o primeiro e o último, o vivente; estive morto mas eis que vivo pelos séculos" (Ap 1,17).

25 Casa da Igreja

> "O Mistério da Igreja é frequentemente ignorado no Ocidente" (Metropolita Meletios).

O edifício da Igreja é a soleira, a porta que nos conduz ao Paraíso. Vamos conhecê-lo?!

Esse edifício é como um mapa que precisa ser lido. Cada detalhe é um sinal que nos orienta e educa a nossa fé. O edifício de pedras, silenciosa e paulatinamente, vai nos introduzindo no Mistério do Deus Vivo e, assim, vamos ganhando em qualidade de vida.

Da porta ao altar, do piso ao telhado, somos preparados para o grandioso encontro com o Senhor.

Esse é o lugar em que mais explicitamente nos sentimos irmãos, filhos do mesmo pai. Aí, antecipadamente exercitamos a fé e a caridade que se tornarão testemunho missionário pela vida afora.

1. Conheçamos o edifício que desceu do céu, lá onde vivemos

No dia da consagração ou dedicação de uma igreja, o rito inicia-se fora do edifício à porta fechada: o construtor da obra entrega a chave ao senhor bispo, que abre a porta e solenemente todos entram em procissão cantando um Salmo de entrada em Jerusalém.

> "Entrai pelas portas do Senhor, dando graças, e nos seus átrios com hinos de louvor" (Sl 100,4).

Desse momento em diante, o espaço da construção com suas preocupações deixa de ser uma obra do mundo e torna-se um espaço sagrado, exclusivo para Deus e seus amados.

2. A Jerusalém Celeste

"Vi um céu novo e uma nova terra [...]; vi também descer do céu, de junto de Deus, a Cidade Santa, uma Jerusalém Nova, pronta como uma esposa que se enfeitou para o seu marido [...]; eis a tenda de Deus com os homens. Ele habitará com eles; eles serão o seu povo, e ele, Deus-com-eles, será o seu Deus" (Ap 21,1-3).

"Vem! Vou mostrar-te a esposa, a mulher do Cordeiro [...]. A muralha da Cidade tem doze alicerces, sobre os quais estão os nomes dos doze apóstolos do Cordeiro" (Ap 21,9b.14).

Toda igreja num determinado lugar (bairro, cidade) é a soleira da Jerusalém Celeste que desceu do Céu até nós.

"Para nós e nossos irmãos que nesta igreja celebram os divinos mistérios, abri as portas da Jerusalém Celeste."

"Reunidos para dedicar a nova igreja para a celebração do Sacrifício do Senhor [...], para com todo o fervor ouvir a palavra de Deus, para que nossa comunidade, renascida da mesma Fonte Batismal e alimentada na mesa comum, cresça e forme um templo espiritual; e, ao redor do único altar, se eleve impelida pelo amor do alto."

Eis algumas orações do Rito de Dedicação de uma igreja proferidas pelo bispo e que nos dão a verdadeira dimensão desse espaço.

O edifício "igreja de pedras" é sinal sacramental (símbolo) para a comunidade e testemunho-anúncio à cidade e região.

A Igreja-Assembleia convocada e reunida em nome do Cristo é a morada do Espírito Santo, e a igreja de pedras é a construção que contém o Corpo Místico de Cristo ou a Esposa de Cristo.

3. O espaço estrutura-se na Liturgia

Se não conhecermos o valor da Santa Missa, a Eucaristia ou Mistério Pascal que define toda a ação da Igreja, não poderemos entender como se compõe o espaço-igreja.

A Santa Missa leva-nos a concluir que o espaço celebrativo se compõe de duas partes:

1. o de *Aula* (espaço pedagógico),

2. o de *Banquete* sacrifical (espaço mistagógico).

O espaço fala por si mesmo. Quando o espaço é construído em vista do bom uso litúrgico, não há necessidade de cartazes e de "outros artifícios" explicando o significado dos componentes da celebração.

Celebrantes, fiéis e visitantes, ao penetrarem nesse lugar, ao virem a dignidade da forma e dos materiais empregados na construção, no Altar, no Ambão etc., sentirão aí a *presença do Outro* (o Tremendo, o Fascinante, o Forte, o Valoroso, o Santo dos Santos) nesse lugar. Atenção: luxo não é beleza e sim ostentação, poder.

4. As partes que compõem o edifício-igreja

O espaço cristão compreende um espaço para Deus e um espaço para o homem.

A – O espaço de um Deus que
- chama, convoca,
- fala,
- celebra a sua Aliança Memorial (um esponsal).

B – O espaço para o homem que responde.
- funcionalidade

As partes que compõem o edifício em si por ordem de importância

Os componentes de cada parte do edifício-igreja

1. Átrio ou Adro
   1.1. Espaço em si
   1.2. Fonte batismal (batistério)
   1.3. Porta
2. Nave
   2.1. Espaço convergente para o centro, livre e cômodo para boa circulação
   2.2. Cruzes de consagração (12 ou 4)
   2.3. Iconografia do espaço (teto, paredes, piso)
3. Santuário ou presbitério
   3.1. Espaço em si
   3.2. Altar

3.3. Ambão

3.4. Sédia

3.5. Cruz processional

3.6. Castiçais

3.7. Credência

4. *Schola Cantorum*

4.1. Coro

4.2. Órgão

4.3. Outros instrumentos

5. Iconografia do espaço

5.1. Materiais, cores, obras de arte...

6. Capela do Santíssimo

6.1. Tabernáculo

6.2. Lâmpada do Santíssimo

6.3. Genuflexório, cadeiras

7. Capela da Reconciliação

7.1. Mesa com cruz e Escritura

7.2. Treliça, cadeiras, genuflexórios

8. Capela da Mãe de Deus

9. Sacristias

9.1. De apoio

9.2. Sacristia

10. Campanário

26 Mistagogia do espaço

1. O adro

É um espaço muito importante, pois nele é feita a transição entre "dois mundos": é a passagem da "Babilônia-mundo" para a "Jerusalém Celeste" (lugar que nos introduz no domingo o dia do Senhor; lugar de repouso; lugar do Fascinante, Tremendo, do Terrível – não fazemos essa passagem como sair de uma sala para o quarto). Por essa conotação, o espaço é belo, agradável, receptivo, acolhedor, e não é lugar de cartazes, mesinhas de "negócios", comércio; não é loja nem feira.

É o *espaço do encontro*: com o seu Senhor e com os irmãos que aí se achegam com o mesmo objetivo.

"Aqui se entra para louvar o Senhor e se sai para amar os irmãos" (frase na entrada de uma igrejinha românica, século IX, no sul da Itália, e na entrada do Pátio do Colégio em São Paulo).

É o *espaço espectativo*: "Como o Senhor se revelará hoje, aqui? O que me falará e aos irmãos? O que vai me falar e quem encontrarei?…"

É o *espaço de preparação*: aqui "tirarei as sandálias, as máscaras…"; "lavar-me-ei na fonte batismal antes de participar dos Sagrados Mistérios"; "reconciliar-me-ei com meus irmãos"; devo "recolher-me interiormente"; "farei silêncio", pois o propósito desse lugar é de escutar o meu Senhor e meu Deus; lugar em que ganho a dignidade de batizado e de cristão, sem fofocas.

A fonte

Piscina batismal em forma de cruz. O eleito, ao ser imergido no banho batismal, é configurado no Cristo morto e ressuscitado; ao atravessar a piscina de um lado a outro, realiza o novo êxodo para a terra prometida.

No adro, ou próximo, encontra-se a fonte batismal (fonte da vida) ou apenas, quando não é possível, "a pia d'água benta", que corresponde à fonte batismal. É o lugar do "catecumenato", onde se prepara para ser cristão e participar como membro do Corpo místico de Cristo.

> "A quem tem sede eu darei gratuitamente da fonte de água viva" (Ap 21,6).

Para tanto, nessa fonte o eleito recebe as insígnias de cristão: é ungido com o santo óleo recebendo a realeza do "sacerdócio real". É banhado nas águas do Cristo para renascer com ele. Essa é a água que sai do lado ferido do Cristo, verdadeiro Templo, que nos purifica e fortalece nessa vida de "peregrinos". A fonte indica-nos que nascemos para a vida nova partícipes da Nova Humanidade.

Ao mergulharmos a mão na água batismal e nos persignarmos com o sinal da cruz, recordamos o nosso Batismo, a nossa profissão de fé e a grandeza do nome "cristão" que recebemos nessa fonte.

No batistério de São João de Latrão, em Roma, no batistério da Basílica de Aparecida e na fonte batismal do Pátio do Colégio, em São Paulo, encontramos o seguinte texto que nos dá a bela dimensão do Batismo cristão:

"Aqui, nasce para o céu um povo de nobre estirpe. O Espírito é quem dá a vida nessas águas fecundas. Aqui, a Mãe Igreja gera com fértil virgindade aqueles que coloca no mundo pela ação do Espírito. Esta é a fonte da Vida que banha todo o universo. Brota da ferida do coração do Cristo. Esperai no Reino vós que nascestes nesta fonte".

A porta

Trata-se da porta principal da igreja, que se destaca das demais por sua beleza, grandeza e nobreza, pois a porta é Cristo, o Novo Adão, que abriu-nos as portas do Paraíso.

Em muitas igrejas estão gravados a História da Salvação ou os Evangelhos Quaresmais que precedem a Páscoa, ou, simplesmente, os puxadores (em ferro ou bronze) formam as letras alfa e ômega. A principal porta da igreja se distingue por ser um sacramental.

"Eu sou o Alfa e o Ômega, o Princípio e o Fim" (Ap 21,6).

2. A nave

Como que caminhando num labirinto, a nave nos conduz ao Santuário, o Cristo. É o espaço da "peregrinação", que nos conduz ao bom termo; lugar em que os corações se inquietam mas também repousam.

É o lugar da assembleia reunida, dos verdadeiros protagonistas de toda ação nesse espaço. Lugar dos batizados que receberam o Sacerdócio Real e formam o Corpo Místico. Assim, não é um lugar qualquer, mas igualmente um sacramental que envolve ou se dirige ao santuário e, por epiclese, age em todo o espaço-igreja.

É o lugar onde me percebo parte do maravilhoso Corpo de Cristo, pois, com meus irmãos nos identificamos na mesma fé, louvor, atenção e partilha.

Caminhando passo a passo na nave, sou convidado à conversão, porque todo o espaço converge para o centro de meu ser, o Cristo.

A nave é o lugar da atenção, do alerta, da vigilância. Do primeiro milênio do cristianismo até por volta do século XV, e até hoje nas Igrejas Orientais, estas não tinham e não têm bancos. Impossível não estar "em pé, ereto" diante do Senhor. Não é o espaço de muita comodidade. Bancos, cadeiras ou poltronas confortáveis levam à distração, indolência, descaso e ao desleixo do corpo e da mente. Levam-nos ao individualismo, pois o centro passo a ser "eu", quando "eu" na verdade não sou centro de nada.

> "Àquele que está sentado no trono e ao Cordeiro pertencem o louvor, a honra, a glória e o domínio pelos séculos dos séculos" (Ap 5,13).

Na frente do rei ou à sua espera não se fica de qualquer jeito. E nesse lugar estamos diante "D'Aquele que é" mais que o rei.

A nave é o lugar dos "assinalados", que com suas vestes brancas e palmas nas mãos estão de pé na frente do Trono e do Cordeiro. Requer postura!

Nesse lugar, o excesso de iluminação (melhor penumbra) e de som quebra a unidade do mistério que acontece em nosso interior. Bater palmas e chacoalhar papéis só nos leva à dispersão e a imitar os programas televisivos bem fúteis quanto à vida mundana. A Festa Pascal é bem de outro nível que as festas corriqueiras.

Nesse lugar o Céu e a Terra trocam os seus dons e a assembleia presente é maior do que visualizamos. Aí estamos nós, a Igreja Peregrina e, também, a Igreja Gloriosa. Ao mesmo tempo acontece a "Liturgia Terrestre" e a "Liturgia Celeste".

"Na presença dos anjos vos louvarei" (Sl 137,2).

Doze (12) "Cruzes de Consagração" e "doze velas" adornam e envolvem o interior da igreja. É a Igreja Apostólica que nos acolhe e, como o zodíaco, orbitamos o nosso sol, Cristo Jesus. Essas cruzes fazem referência, também,

"às doze árvores que frutificam todo o ano e suas folhas curam as nações" (Ap 22,2).

Todo o livro do Apocalipse revela-nos o Mistério celebrado nesse espaço.

A iconografia do espaço

"A iconografia cristã transcreve para a imagem a mensagem evangélica que a Escritura Sagrada transmite pela Palavra. Imagem e Palavra se esclarecem mutuamente" (Catecismo da Igreja Católica, n. 1.160).

O livro do Apocalipse é o que melhor nos revela a estrutura do Mistério Pascal celebrado (a Santa Missa) e consequentemente a estrutura do edifício e sua iconografia.

A iconografia de uma igreja (arquitetura, pinturas, imagens, decorações) é o que primeiramente deveria ser cuidado (e não dinheiro e grandes arquitetos...), pois esse espaço deve refletir harmonia, unidade para que os frequentadores espelhem-se na unidade do Deus único.

A iconografia do espaço sagrado revela a grandeza do mistério celebrado nesse lugar: é extensão da própria celebração e não qualquer decoração, e menos ainda lugar da piedade subjetiva (cada um em seu quarto coloca os "santinhos" que quiser).

Jamais uma imagem de qualquer santo (padroeiro ou não), e mesmo da Mãe de Deus, deve estar no presbitério, pois o Mistério Pascal é *tão somente* do Cristo, que aí é celebrado. A Igreja é cristocêntrica! E nós somos cristãos! E não "mariões" e nem "santões".

O santuário (presbitério) sempre em sua arte e elementos deve nos remeter ao Cristo (cruz processional, Cristo na cruz, Pantocrator ou alguma cena do Evangelho que acentua a figura de Cristo). Próximo e envolvendo o presbitério, de preferência estejam elementos decorativos mais ligados ao Mistério Pascal, e na nave elementos discursivos (*Biblia Pauperum* ou vida de santo). O espaço vazio não é proibido. Leva-nos melhor à essência da fé e ao Ser Celebrado.

Muitas de nossas igrejas mais se parecem com a Babilônia que com a Jerusalém Celeste, dado o excesso de informações e acúmulos devocionais, ranço de igreja velha e fruto de comércio de péssimos "artigos religiosos".

O pároco, os fiéis, os arquitetos e os artistas devem dedicar a igreja a um mistério da Salvação, e todos, em conjunto, apresentar um plano que, do telhado ao piso, revele a beleza da fé cristã. Porém, é bom lembrar: o Mistério único e fundamental é o Mistério Pascal.

As paredes, quando bem cuidadas e no seu silêncio, fazem a melhor das catequeses, formam a comunidade, permitem-nos vislumbrar o Reino definitivo, por antecipação. Depois, ainda melhor, o espaço não é apenas didático e sim teofânico. É preciso deixar grandes espaços vazios para que o próprio Senhor preencha-os com seu Espírito; além do mais, espaços vazios repousam-nos. Muitas vezes, a Igreja Católica coloca excesso de "peso" sobre os fiéis. Aqui é bom recordarmos o grande pintor Henri Matisse, quando concluiu sua bela e singela Capela de Vence (França) em 1953: "Eu desejo àqueles que aqui entrarem se sintam aliviados de seus fardos".

169

A razão do espaço-igreja é celebrar o Senhor no "eterno dia do repouso", o domingo, que ele nos deixou.

3. O santuário ou presbitério

Expressões simbólicas de Cristo celebrante. A assembleia reunida realiza a promessa – "Onde dois ou três estiverem reunidos em meu nome, ali estou eu no meio deles" (Mt 18,20). No espaço do presbitério, Cristo preside (sédia), proclama a Palavra (ambão) e é o altar e o sacrifício.

Esse é o centro litúrgico e da vida, a base de orientação e razão do edifício celebrativo. O eixo (áxis) de toda ação é Cristo; fisicamente o altar e o ambão são as únicas expressões de um só e mesmo Mistério Pascal, a Eucaristia.

O lugar mais importante de todo espaço celebrativo é amplo (nada apinhado) para a ação litúrgica, que é rica de gestos e movimentos nobres. A origem do rito romano (como dos demais) é palaciana e requer bons espaços para boas posturas, tranquilas e sem atropelos. Também, é preciso pensar nas grandes ocasiões com suas exigências como Páscoa, Ordenação Sacerdotal, Matrimônio, exéquias...

De preferência, deve ser bem visível a todos. É a grandeza do espaço, e não os degraus (como "bolo de noiva"), que permite funcionalidade e visibilidade.

Atualmente, chamamos esse espaço de "presbitério", palavra grega que significa "lugar dos anciãos", isto é, daqueles que cuidam de nos transmitir a sabedoria do Senhor. Lugar de "privilegiados e nobres" que estão acima do povo de Deus. No passado, sempre foi chamado de "santuário", isto é, "área santa", pois quem mais se aproxima do Cristo, o Sagrado (o altar), mais se santifica. Distante do altar, somos menos santos, pois é o próprio Senhor quem nos santifica.

O santuário é o centro da liturgia e de nossa fé, não, necessariamente, o centro físico; compreende o altar, o ambão, a sédia, a cruz processional (ou outra) e a credência. Os ministros ficam nos primeiros bancos, pois o acúmulo de pessoas no presbitério leva a assembleia à distração, abafa o essencial, a grandeza do Mistério aí celebrado.

O altar, o ambão e a sédia são sacramentais, e por sua importância devem ser sólidos e fixos. Por exemplo: quando o altar é de pedra, também ambão e sédia o serão do mesmo material. A forma e o material dessas peças revelam a grandeza do Mistério que aí se dá. Quanto mais simples e despojadas forem essas peças, tanto mais serão objetivas e revelarão essa grandeza.

Nesse lugar entramos porque somos convidados. A limpeza, a ordem, o menos possível de objetos (cadeiras, flores, aparelhos de som, telão...) revelam-nos ser esse lugar do *único celebrante, Jesus Cristo*. O altar, a sédia e o ambão são testemunhas silenciosas da presença do Invisível no meio de nós. Ali não é lugar (e nem deve parecer) de comícios, sala de reuniões, teatro, cinema... A postura do presidente, dos ministros e a dos fiéis com suas vestes, tom de voz etc. denunciam a verdade e a beleza do culto cristão. Esse espaço é de reverência e adoração pela presença do Senhor.

A unidade e a harmonia do local refletem na assembleia orante e permitem fluidez na ação litúrgica.

O altar

"O altar é Cristo" (São Cirilo de Jerusalém).

Centro de todo o edifício, o altar é o lugar do Sagrado Sacrifício, onde é selada a Nova Aliança. Aí a Palavra torna-se carne para a vida da Igreja e de cada cristão. Cinco cruzes de consagração correspondem às cinco chagas do Ressuscitado presente entre nós. O altar será, preferencialmente, de pedra maciça (rocha) por sua simbologia. O altar é "a pedra angular do edifício de pedras vivas", que somos nós.

O altar é o centro e o coração do Corpo Místico. É o lugar do Mistério Pascal É ele que dá razão ao espaço celebrativo. O que nele se passa sacraliza tudo e todos que o envolvem.

O ambão

Lugar alto de onde nos vem o "sopro da Palavra", lugar do anúncio, da proclamação, do *logos* que rege o universo; também é chamado de *omphalo* ("umbigo"). Sempre é do mesmo material do altar, e com ele forma uma unidade: duas dimensões do mesmo Mistério Pascal.

Um só é o ambão, pois uma só é a Palavra. Igualmente, lugar sagrado, não deve ser usado para avisos ou outros interesses e, sim, apenas para as leituras e a proclamação do Evangelho e, também, a homilia (isso se o presidente não for falar de si mesmo).

O ambão é considerado "a pedra do sepulcro", pois o próprio Senhor foi e é o primeiro a testemunhar sobre si mesmo.

É o lugar do mais importante anúncio cristão: ressuscitou! Aí o diácono canta o *exultet* na noite de Páscoa. Aí o Evangelho e a Sagrada Escritura são proclamados. Aí o salmista canta o Salmo responsorial. Aí a homilia indica-nos a Parusia e o Juízo Final…

No primeiro milênio do cristianismo, o ambão sempre esteve no meio físico da igreja, sobre alguns degraus. Na metade do segundo milênio foi para as laterais do edifício (púlpitos) e, hoje, está no presbitério.

A sédia

Com o altar e o ambão, forma um só sacramental e, portanto, é da mesma matéria que aqueles dois primeiros.

A sédia é o lugar da *etimasia*, isto é, do "trono do Rei" que governa com os instrumentos da paixão. Indica, também, a presença do Invisível, d'Aquele que pontifica o culto. Lugar donde se aguarda a segunda vinda. Lugar do magistério, do "ensino" da Palavra, do sacerdote ministerial que aí é o embaixador do Cristo.

Normalmente, fora da celebração, fica depositado no espaldar da sédia, aos olhos de todos, o Evangeliário, sinal da presença do Cristo.

A cruz

É o símbolo máximo de nossa Redenção. Com esse sinal fomos assinalados no Batismo; com ele nos persignamos e com essa marca entraremos no Paraíso.

Na igreja, a cruz ocupa lugar de destaque no santuário, indicando o Mistério da Redenção que aí se renova a cada celebração.

Junto ao altar ela pode ser processional ou estar dependurada.

Sinal de vitória, a cruz é a imagem sacrifical que nos conduz à plenitude da Páscoa.

Como cruz processional, precede todas as procissões, pois é o próprio Senhor que vai à frente do rebanho tomando a iniciativa nas ações comunitárias.

A cruz no presbitério é o áxis (o eixo) que nos orienta (com os olhos da alma e da fé); o "bronze" que nos cura (Moisés com a serpente de bronze no deserto); a Árvore da Vida, pois o Novo Adão abriu-nos o Paraíso.

4. A capela do Santíssimo

A capela das reservas eucarísticas é o lugar de adoração e oração pessoal. Serve, também, para uma emergência como viático. Fazem parte do espaço só o tabernáculo e a lâmpada do Santíssimo. Nenhum outro símbolo deve aí aparecer, nem cruz. O Cristo Sacramentado em si é todo o símbolo do Deus Conosco. Não é lugar de oração coletiva.

173

A lâmpada do Santíssimo

É a continuidade do Fogo Novo da Páscoa. Acesa nessa grande noite no Círio Pascal e, simbolicamente, apagada na desnudação do Altar na Quinta-Feira Santa, deve ser de material vivo, fruto da Criação (o fogo). A lâmpada elétrica pode até ser permitida, mas é fruto da engenhoca do ser humano e, em geral, representa descaso, falta de atenção e de oração.

5. A capela da Reconciliação

É a capela do retorno, do perdão. Não é lugar de direção espiritual e nem consultório psicológico. É um lugar discreto, claro, alegre, com um sinal externo bem indicativo. Na sala haverá apenas um crucifixo, a Sagrada Escritura, genuflexório, cadeira para o penitente se confessar, arrepender-se, receber a absolvição em vista de sua participação nos sagrados mistérios e no Corpo Místico ao qual pertence e o mandamento da caridade.

6. A capela da Mãe de Deus

Por excelência é uma imagem (pintura ou escultura) que faz memória do Mistério da Encarnação. Não há necessidade de ter uma capela exclusiva, mas um canto do ambiente próximo do santuário, a fim de ser reverenciada ou próxima da fonte batismal, pois Maria é a Mãe da Igreja, a Nova Eva.

7. O campanário ou torre

É o sinal mais alto de anúncio e identificação do edifício igreja. O som dos sinos (bronze), desde o Antigo Testamento nas vestes sacerdotais, corresponde ao som da divindade (culturas orientais) e toca o ouvido e o coração. Hoje, os meios eletrônicos servem à corrupção e, usados nas igrejas, passam a nada significar além de barulho. Os sinos, marcos silenciosos e sonoros, são sinais de esperança e vida longe da voz humana, barulhenta e irritante que se sente por toda parte.

Os sinos, com seus belos sons inconfundíveis, nos convidam para os grandes momentos da vida e da morte e, por isso mesmo, começam a ser temidos e proibidos. O homem de hoje ouve a si mesmo e enlouquece em sua solidão.

8. A prece de dedicação

Esta prece de dedicação de uma igreja bem nos esclarece o que é e para que serve o espaço da celebração cristã.

Deus, Santificador e guia de vossa Igreja,
com festivo precônio é-nos grato celebrar vosso nome,
porque hoje o povo fiel com rito solene deseja
consagrar-vos para sempre esta casa de oração,
onde venha vos adorar,
instruir-se pela palavra,
alimentar-se pelos sacramentos.

Este templo é sombra do mistério da Igreja,
que Cristo santificou com seu sangue,
para trazê-la a si qual Esposa gloriosa,
Virgem deslumbrante pela integridade da fé,
Igreja santa, vinha eleita do Senhor,
cujos ramos cobrem o mundo inteiro,
e as seus sarmentos, sustentados pelo lenho,
com leveza eleva até o Reino dos Céus.

Igreja feliz, tabernáculo de Deus com os homens,
templo santo, que se constrói com pedras vivas,
firme sobre o fundamento dos Apóstolos,
com Cristo Jesus, sua grande pedra angular.

Igreja sublime, construída no cimo do monte,
visível a todos, a todos radiosa,

onde refulge perene a lâmpada do Cordeiro,
e, delicioso, ressoa o cântico dos eleitos.

Suplicantes, pois, nós vos rogamos, Senhor:
dignai-vos inundar esta igreja e este altar
com santidade celeste;
que sejam sempre lugar santo
e mesa perenemente preparada para o sacrifício de Cristo.

Aqui, as ondas da graça divina sepultem os delitos,
para que vossos filhos, ó Pai, mortos para o pecado,
renasçam para a vida eterna.

Aqui, ao redor da mesa do altar,
celebrem vossos fiéis o Memorial da Páscoa
e se alimentem no banquete da Palavra e do Corpo de Cristo.

Aqui, como jubilosa oblação de louvor,
ressoe a voz dos homens
unida aos coros dos anjos.

E suba até vós a prece incessante pela salvação do mundo.
Aqui, os pobres encontrem misericórdia,
e todos os homens se revistam da dignidade de vossos filhos,
até que, exultantes, cheguem
àquela Jerusalém celeste.

Por NSJC...

Conclusão

A experiência de Deus que fazemos na vida é o ponto de partida para confrontá-la com o mistério de graça que se desborda na celebração litúrgica. Aí acontece o diálogo entre Deus e o ser humano, pois através do sinal sacramental alcançamos o mistério de salvação.

O Concílio Vaticano II, ao reformar a liturgia, trouxe à luz a seiva do Espírito que percorre os *ritos e preces*. A linha do tempo desde a criação até a segunda vinda de Cristo acaba sendo o traço da única salvação que já é plena na Jerusalém celeste. Toda celebração é comemoração pascal, faz o passado (memória) e o futuro (salvação eterna) convergirem para o presente num eficaz acontecimento do Espírito.

Desde quando fomos lavados pelo Batismo, perfumados com a unção do Espírito e alimentados no banquete do Cordeiro, até a hora da morte, a última Páscoa do cristão, participamos da Páscoa de Cristo: doando a vida, servindo e amando o próximo como ele o fez, a ponto de morrer na cruz. *Todo o caminho cristão é uma vivência progressiva da Páscoa de Cristo comunicada a cada um de nós.* O Batismo se torna um programa para toda a vida e se cumpre "todas as vezes que comemos deste pão".

Refizemos o caminho da iniciação cristã, como modo habitual de a Igreja inserir cada um de nós no plano divino de salvação (mistério), pois participamos plenamente da liturgia em razão da profecia, realeza e sacerdócio que recebemos de Cristo. A verdade da fé nos ritos litúrgicos se dá na oferenda da própria vida unida à de Cristo na cruz, como sumo e eterno sacerdote; aí produzirá a oferenda perfeita e agradável ao Pai. Isto só é possível porque estamos em comunhão com Cristo, pela força do Espírito Santo, de tal sorte que ele permanece em nós e somos transformados nele em um só corpo e um só Espírito. Eis o culto em espírito e verdade requerido por Jesus!

Assim, podemos avaliar a importância de participar, de ser membros celebrantes da liturgia. Pois ficamos tentados a pensar que somente o sacerdote celebra e o povo assiste à celebração. Dessa forma, a participação litúrgica é altamente incômoda e não requer apenas sentimentos piedosos, mas a consciência clara do culto espiritual de ação de graças que se dá no altar de nosso coração. Eis aí a pretendida participação consciente, ativa e frutuosa dos fiéis na liturgia.

Temos a necessidade da educação litúrgica para nos ajudar a ver a manifestação da graça nos sinais comuns da água, óleo, pão, vinho, abraço, sinal da cruz, imposição de mãos... A educação litúrgica ressalta:

- a experiência com Deus que se dá diretamente na celebração dos mistérios de Cristo; esta, por sua vez, deixará de ser considerada apenas rito externo ou mera obrigação de ir à missa nos fins de semana;

- o exercício do sacerdócio de Cristo estendido a todos os batizados;

- a leitura orante da Bíblia como centro da catequese, com uma grande atenção ao ano litúrgico;

- a catequese mais celebrativa, como uma verdadeira escola de oração.

Por isso, não há razão de o catequista se colocar tão longe dos ministros e agentes de liturgia da comunidade. Todos têm a mesma finalidade de ajudar os batizados a celebrar os mistérios da fé com maior consciência e compromisso.

178

Referências bibliográficas

AGOSTINHO. *A instrução dos catecúmenos*; teoria e prática da catequese. Petrópolis: Vozes, 1984. Fontes da catequese, n. 7.

ALDAZÁBAL, José. Preguntas a la catequesis desde la liturgia. *Phase* 38, s/d.

_____. *A Eucaristia*. Petrópolis: Vozes, 2002.

_____. *Celebrar a Eucaristia com crianças*. São Paulo: Paulinas, 2008.

_____. *Gestos e símbolos*. São Paulo: Loyola, 2005.

_____. *Vocabulário básico de liturgia*. São Paulo: Paulinas, 2012.

AMBRÓSIO DE MILÃO. *Os sacramentos e os mistérios*; iniciação cristã nos primórdios (P. E. Arns – Introdução e tradução; G. M. Agnelo – Comentários). Petrópolis: Vozes, 1972. Fontes da Catequese, n. 5.

BENTO XVI. Exortação Apostólica pós-sinodal *Sacramentum Caritatis*. São Paulo: Paulinas, 2007.

BOFF, Leonardo. *Os sacramentos da vida e a vida dos sacramentos*; *minima sacramentalia*. Petrópolis: Vozes, 1984.

Catecismo da Igreja Católica.

CIRILO DE JERUSALÉM. *Catequeses mistagógicas*. Petrópolis: Vozes, 2004.

CNBB. *Animação da vida litúrgica no Brasil*. São Paulo: Paulinas, 1989. Documentos da CNBB, n. 43.

_____. *Anúncio querigmático e evangelização fundamental*. Brasília: Ed. CNBB, 2009. Subsídios doutrinais n. 4.

_____. *Diretório nacional de catequese*. São Paulo: Paulinas, 2006. Documentos da CNBB, n. 84.

_____. *Orientações para a celebração da Palavra de Deus*. São Paulo: Paulinas, 1994. Documentos da CNBB, n. 52.

_____. *Terra de Deus, terra de irmãos*; texto-base da Campanha da Fraternidade 1986.

COMBLIN, José. *A fé no Evangelho*. São Paulo: Paulus, 2010.

Compêndio do Catecismo da Igreja Católica.

CONCÍLIO VATICANO II. Constituição *Lumen Gentium*, sobre a Igreja.

_____. Constituição *Sacrosanctum Concilium*, sobre a liturgia.

CONGREGAÇÃO PARA O CULTO DIVINO. *Diretório para missas com crianças.* In: ALDAZÁBAL, José. *Celebrar a missa com crianças*. São Paulo: Paulinas, 2008.

CONGREGAÇÃO PARA O CULTO DIVINO E A DISCIPLINA DOS SACRAMENTOS. *Diretório sobre a piedade popular e a liturgia.* São Paulo: Paulinas, 2005.

Documento de Aparecida.

Elenco das Leituras da Missa. In: ALDAZÁBAL, José. *A mesa da Palavra I.* São Paulo: Paulinas, 2007.

GIRAUDO, Cesare. *Redescobrindo a Eucaristia.* São Paulo: Loyola 2003.

JOÃO PAULO II. *Ecclesia de Eucharistia*; carta encíclica sobre a Eucaristia. São Paulo: Paulinas, 2003.

Instrução Geral sobre a Liturgia das Horas. In: ALDAZÁBAL, José. *Instrução Geral sobre a Liturgia das Horas*; texto e comentários. São Paulo: Paulinas, 2011.

Instrução Geral sobre o Missal Romano. 3. ed. In: ALDAZÁBAL, José. *Instrução Geral sobre o Missal Romano*; texto e comentários. São Paulo: Paulinas, 2007.

LATORRE, Jordi. *Modelos bíblicos de oração.* São Paulo: Paulinas, 2011.

LELO, Antonio Francisco. Mistagogia: participação no mistério da fé. *Revista Eclesiástica Brasileira*, n. 257, pp. 64-81, jan. 2005.

LOPES, Geraldo. *Gaudium et Spes*; texto e comentário. São Paulo: Paulinas, 2011.

LÓPEZ MARTIN, Julián. *No Espírito e na verdade*; introdução teológica à liturgia. Petrópolis: Vozes, 1996. v. 1.

MASI, Nic. *Cativados por Cristo*; catequese com adultos. São Paulo: Paulinas, 2010.

MELO, José Raimundo. *A Missa e suas partes.* São Paulo: Paulinas, 2011.

Ofício Divino das Comunidades. São Paulo: Paulus, 1994.

PASTRO, Claudio. *O Deus da beleza*; a educação através da beleza. São Paulo: Paulinas, 2008.

PAULO VI. *Mysterium Fidei*; carta encíclica sobre o culto da sagrada Eucaristia. 1965.

PEREIRA, José Carlos. *Pastoral da acolhida*; guia de implantação, formação e atuação dos agentes. São Paulo: Paulinas, 2009.

RIGO, Enio José. *Ministérios na liturgia*. São Paulo: Paulinas, 2009.

RODRIGUES, Sergio Augusto. *Liturgia e catequese*. Dissertação de mestrado. São Paulo: Faculdade N. S. Assunção/PUC-SP, 2008.

ROSA, Dirlei Abercio da. *Projeto do Pai*; roteiro para estudo do Antigo Testamento. São Paulo: Paulinas, 2010.

SCOUARNEC, Michel. *Símbolos cristãos*; os sacramentos como gestos humanos. São Paulo: Paulinas, 2004.

Rua Dona Inácia Uchoa, 62
04110-020 – São Paulo – SP (Brasil)
Tel.: (11) 2125-3500
http://www.paulinas.com.br – editora@paulinas.com.br
Telemarketing e SAC: 0800-7010081